JN001828

インバウンド×不動産で賢い資産形成

価値ある人生と戦略的投資

元F-15戦闘機パイロット
前川 宗
sou maekawa

はじめに

読者の皆様はじめまして、前川宗と申します。

私は高校を卒業してから昨年までの約20年間、航空自衛隊で戦闘機パイロットとして日々フライトしていました。

そのまま定年まで勤めるつもりでしたが、あるとき私は自衛官としての将来に疑問を抱き、自分の人生についてどう歩むべきかを考えました。

その結論は簡単にはでませんでしたし、今もなお「これでいいのだろうか」と確認しながら進めているところはあります。

ただ一つ言えるのは、そのまま自衛官として漫然と人生を過ごすことはしたくないと判断したのです。

一般の人からのイメージでいえば、自衛官をはじめ、警察官、消防官、教員、自治体職員といった公務員は、真面目に働いてさえいれば、将来は安泰のように思えるでしょう。

たしかに国や地方自治体は簡単に潰れることはありません。

しかし、北海道の夕張市の破綻もありますし、公務員だから絶対大丈夫というのは甘すぎるように思えます。

かつて厚生年金に比べて保険料が低く、給付は多かった共済年金についても2015年に厚生年金に統合（一元化）され廃止されました。

未だに民間企業に比べて有利な部分はありますが、とくに定年までの期間が短い自衛官については、定年したその先の人生が見えにくいように感じます。

限られた将来の選択肢の中、漠然とした不安を抱きながら仕事を続けている・・・そんな先輩をたくさん見ています。

多くの自衛官は「何とかなるだろう」と楽観視しているか、どうしていいのかわからない・・・と思考停止になっているのが実情ではないでしょうか。

私が懸念するのは、人生を真剣に考えることなく、お金に向き合うことをせずに、ただ日々の生活を送っている人たちの未来です。

「このままだと不幸になる」と脅かす気持ちもありませんし、何も私のように現職を辞めることを勧めているわけではありません。

ただ、自分の頭で物を考え、自分の意思で人生を進めるためには、ある程度の知識、お金、行動力が必要です。

そのために投資マインドを持つべきだというのが本書の主旨です。

本文で述べていますが、「投資＝お金儲け」ではありません。

知識を深めて選択肢を広げていくという意味で、自己へ投資することをお勧めしているのです。

ここからは、本書がどのような内容なのか、簡単に解説させていただきます。

まず、第1章「自衛隊・F15エースパイロットを捨て、30代でゼロからの道を選ん

だ理由　～人生の転機となる発見と出会い～」は私の人生の軌跡です。

初めての著書執筆ですから、私のことをご存じない方が読んでくださっていると思います。

そこで、私がどのような人生を歩んできたかを紹介させていただきます。

私は戦闘機パイロットという経歴の持ち主ですが、どのようにしてパイロットになったのか、そしてどうして辞める決意をしたのかをお話しします。

多くの方に聞かれる「なぜ約束された成功の未来を捨て起業したのか？」についても触れていきたいと思います。

第2章「多くの選択肢の中からインバウンド起業家へ　～なぜ私が旅館ビジネスを行うのか～」もまた私のストーリーとなります。

自衛官を辞めて次の道を模索していた私がなぜ不動産投資に興味を持ち、そしてインバウンドビジネスの道を選んだのか。私は実際にどんな不動産投資を行っているのか。

そのときの心境から決意、併せてシビアな現実についても述べています。

第3章「「前川式」人生を豊かにするための7カ条」はマインドセットです。どのように物事を捉えるべきか、行動につなげていくべきか。その指標として、「人生を豊かにするための7カ条」を提案します。

決して難しいことではありません。ちょっとした心がけから人生は好転していく・・・私はそう考えています。

第4章「なぜ、インバウンド×不動産投資が〝成功〟のための最善策なのか」は私が今取り組んでいるインバウンドビジネスの解説です。

国策としてのインバウンドに対して、どのようにビジネスを絡めていくのか。私はそこに不動産投資を絡めることで勝機を見いだしています。

旅館業を解説したコラムを併せて読んでいただけると、初心者の方にもわかりやすいかと思います。

第5章「卵を一つの籠に盛ってはいけない！　～資産を「守る」500万円分散投資のススメ」はさらに具体的なノウハウを紹介します。

ここではすでに不動産投資をはじめていて、うまくいかなかった方へのリカバリー方法も含めています。

無知につけこんで儲からないワンルーム投資を販売する業者がたくさんいます。そうした物件を購入してしまったら、どのように対処すればいいのか具体的な方法があります。

空室対策のノウハウのコラムもありますので、すでに不動産をお持ちの方はこちらもご覧ください。

最終章「投資に対して考え方を変えてみよう」は、私のメンターである、白岩貢氏との対談です。

過去に株で失敗して破産経験があり、その後、不動産投資に取り組みながら時代に合わせたビジネスを行ってきた白岩氏と、自衛官という特殊な価値観の中で生きてきた私の投資への向き合い方、考え方についてをまとめました。

正直ここまでリアルなビジネスの話はなかなか書籍や資料にはないかと思います。

ぜひ文中に散りばめた、本当の成功者へのヒントの数々をお見逃しなく。


自衛官を辞めるまでの私は、自分の定めた目標に向かってただひたすら邁進する日々でした。将来についての具体的なビジョンは何もなく、毎日を必死で生きてきたのです。

そして、今現在、私と同じような境遇の方が世の中にはたくさんいるのではないでしょうか。


その生き方が間違っているとは言いません。

私の考え方を押し付ける気はまったくなく、本書の内容も「こんな考え方、生き方もあるんだな」と話しのネタにしていただければ嬉しい限りです。


ただ、無知であることはリスクであると知ってください。

実際に本書のテーマである起業や投資の世界でも、無知につけ込む初心者を狙った悪いスクールや不動産業者もたくさんいるのです。

だからこそ、「常識外の相手を知る」ことは必要です。

世の中にはさまざまな選択肢があること、進む道があること。
どんな敵がいてどう立ち向かうのか？
どうやって成功していくのか？
こう考えていくのは、どんな職業、業界でも共通の「戦略」ではないでしょうか。

本書が、あなたのこれからの人生を豊かにするためのきっかけになれば、これに勝る喜びはありません。

前川　宗

◆目次

第2章 多くの選択肢の中からインバウント起業家へ
～なぜ私が旅館ビジネスを行うのか～

第3章 「前川式」人生を豊かにするための7カ条

第5章　卵を一つの籠に盛ってはいけない！
～資産を「守る」500万円分散投資のススメ～

第6章　人生を左右するこれからの「お金」との付き合い方
～インバウンド投資家対談～

第1章

自衛隊・F15エースパイロットを捨て、30代でゼロからの道を選んだ理由

～人生の転機となる発見と出会い～

第1章では、私の戦闘機パイロットになるまでの軌跡から退職するまでのストーリーです。

自衛隊の中だけで長年過ごしてきた私が、どのような経緯で今のビジネスを始めたのか。そのきっかけとなるのが、自衛隊時代の「気づき」でした。

もちろん、気づいただけでははじまりません。そこからどのような行動をとったのか、何を考えていたのか。そのすべてを振り返ってみます。

1 高校を卒業して自衛隊へ

私は愛知県で生まれ育ちました。高校までは特に何も考えることなく、地元の学校に当たり前のように進学しました。

部活のサッカーに明け暮れ、その先の自分については、全く考えていませんでした。

そんな高校2年生のある日、担任の先生から「前川、大学はどこを狙っているんだ？」と聞かれ、疑問を抱きました。


なぜ、大学進学を前提に話をするのか？

大学へ行くことがそんなに良いことなのか？


そう思ったのを覚えています。

私は、8人兄弟の6番目という大家族で育ちました。

親に負担をかけたくないという考えから、大学進学という選択肢はなく、また大学へ行って何かを学びたいという強い意志もありませんでした。

大学へ行くくらいなら、高校卒業と同時に社会に出て働いたほうが親孝行だろう・・・そういう想いが強くありました。

とは言うものの、自分の将来について何も描いていなかったので、担任の先生の問いをきっかけに、将来について考えるようになりました。


就職するなら何を?

就職しないとしたら?

海外へ行く選択肢は?


さまざまな考えを巡らせていたときに、たまたま先輩が持っていた雑誌でブルーインパルスを見ました。

「かっこいい!」第一印象はただそれだけでした。

航空自衛隊のブルーインパルスは、広報活動を主な任務とした展示飛行を専門に行う戦闘機パイロットの部隊です。

ブルーインパルスについて調べていくうちに航空自衛隊の戦闘機や救難機、輸送機についても知り、当時の私にとっては全く知らない世界に魅了され、気付けば航空自衛隊「航空学生」の受験を決めていました。

航空学生の試験は3次試験まであり、1次試験が高校3年生の秋から始まりました。親に相談すると、なんだかんだ言われ、場合によっては反対されると思ったので、試験は内緒で受けました。

試験は順調に進み、最終の3次試験の受験資格を獲得することができました。ところが、3次試験は操縦適性検査という実際にフライトをする試験があります。それは、数日間泊まり込みで学科と実技を進めるため、さすがに両親に伝えざるを得ませんでした。

父は「行ってこい」というスタンスでしたが、母の理解はなかなか得られず、結局、入隊するまで受け入れてくれなかったのではないかと思います。

ですが、入隊式の時、制服姿の私を見て涙を流しながら「頑張りなさい」と言ってくれ、初めて母が「私の進む道を後押ししてくれた」と感じたのを今でも鮮明に覚えています。

2 辛く厳しい航空学生とフライトコース

航空学生は、日本全国のパイロットになりたい人達が何千人と受験します。そして、最終的に合格するのは約60名です。

まさか自分が・・・そう思いながら受験結果を待っていると、合格通知が届きました。高校卒業前、新たな人生を迎える喜びを感じながら覚悟を決めました。

航空学生になると、初めの2年間は体力錬成・精神教育・座学を行います。特に、体力錬成及び精神教育は徹底的に訓練するので、その2年間を卒業するころにはたくましい体つきと精神力を身につけています。

高校を卒業したばかりの人間にとって過酷な日々でした。朝6時に起床ラッパと同時に飛び起き、季節に関係なく必ず上半身は裸で、走ったり、筋トレなどのトレーニングを行います。

食事は味わうことなく、とりあえず胃袋に入れる。制服には毎日アイロンがけをして、靴は顔が映るくらいピカピカになるまで磨きます。制服にシワが入っていたり靴の磨き方が甘かったりすると徹底的に指導されました。

また、携帯電話を使えるのは夜の9時半から約20分程度で、それ以外は厳重に金庫の中に電源を切った状態で管理されました。

自由に外出すらできず、基地の外に出るだけでも全て許可が必要で、同級生たちが大学に行ってキャンパスライフを送っているのを想像すると本当に羨ましかったです。

そんな過酷な日々を同期の仲間と一緒に乗り越えていくと、絶対的な絆が生まれます。この絆は、間違いなく今後も永遠に強く結ばれ続けていきます。

仲間は皆、口を揃えて同じことを言います。それくらい同期の絆は強いものであり、かけがえのないものなのです。この辛い2年間では、他の何にも代えることのできない絆を得ることができました。

航空学生を卒業すると、念願の「フライトコース」が始まります。

レシプロ機、小型ジェット機といった練習機による訓練を無事終了すると、ウイングマーク（航空機搭乗員徽章）を取得することができます。ちなみにウイングマークを取得するまでには入隊から4～5年を要します。

このウイングマークの取得には、何度も技量チェックが行われます。そして、都度合格していかなければ、パイロットになることはできません。

簡単に言うとクビになります。同期の仲間でも途中でパイロットの道を諦めざるを得なくなった者がたくさんいます。

昨日まで一緒に訓練していた仲間が今日はいない。

いつ自分がそうなるか？

毎日が不安であり、ただひたすらに自分ができる最大限の努力をし続けました。

結果的に、なんとかクビになることなく、ウイングマークを取得することができました。

その時の喜びは、それまでの人生で最高級のものであり、初めて人前で涙を流しました。そして私は、ウイングマークを胸に戦闘機の世界へ、足を踏み入れることになったのです。

3 飛行教導群生活があったからこそ

戦闘機パイロットの道に進み、航空部隊で経験を積んでから飛行教導群に配属されたのが平成22年で、当時私は29歳でした。この飛行教導群には平成26年までの約４年間在籍していました。

飛行教導群とは、航空自衛隊における仮想敵機部隊のことです。日本全国にある戦闘機のパイロットたちに教育をする部隊で、戦闘機パイロットの中でも、特に操縦技量が高い数十人のパイロットが配属されています。

各戦闘機部隊に対する巡回教導を主な任務としており、操縦技量の更なる向上だけでなく、戦闘の組み立てやコーチング能力を必要とします。

また「戦いとは何なのか」ということを教えたり、戦いが起きたときに先陣を切っていったり、戦術を構築したりする場所なので、一般の戦闘機パイロット以上の努力が必要となります。

この飛行教導群に配属されるころは、戦闘機パイロットとして一人前に仕事をし、なおかつ後輩を教育する立場にありました。しかし、飛行教導群は自分よりはるかにベテランで比べようがないくらいの凄腕パイロット達の集団です。

わかってはいましたが、自分の能力が簡単に通用するはずがありません。毎日のように厳しい指摘を受け、私はそれまで積み上げてきた自信がボロボロと崩れ落ちる感覚を覚えました。

例えていうなら、それまで優等生として評価されていたのに、いきなり劣等生に突き落とされたような感覚です。

飛行教導群に配属されるということは、光栄であり名誉です。ですが、配属当初の私は「今まで何をやってきたんだ」「自分は何もできていない」と思い知らされました。

どん底に突き落とされた私は、それから血のにじむ努力をしました。

それまでの自分を見つめ直し、弱点を徹底的に洗い出し、対策を立て、克服に努めました。かつての自信ははぎ取られていたので、恥とかカッコ悪いという感覚は全くなく、ひたすら努力して前に進むのみでした。

あの時の努力を高校時代にしていたら、東大に行けたのではないかと思うくらい必死に毎日を過ごしました。

その時に一番学んだのは「自分を知る」ということです。

何ができて、何ができないのか。

人は自分を知っているようで知りません。他人に指摘されて気付くことが山ほどあります。

自分のことすら分からないのに、人を教育できるはずなんてありません。だから、まずは素直になり耳を傾け、自分の弱みを認識することが極めて大切でした。

当時の私は、ただただ一生懸命でしたが、振り返ると、自信を喪失し挫折といってよいほどの経験して、這い上がる精神力と普通では得られない技量を身につけられました。

二度と戻りたくはありませんが、あのときの経験は私にとって人生最大の宝物だと思っています。

少しずつ自信をつけ始めていた頃、私のもとにテレビ出演の話がきました。その番組はＴＢＳの「ジョブチューン」です。

宇宙飛行士、登山家、ボートレーサー、潜水士及び戦場カメラマンと一緒に「一歩間違うと、すぐ死ぬ仕事に就いている人」という切り口で特集され、忘れかけていた仕事に対する熱意や尊さを再び感じるきっかけになりました。

テレビ出演の反響から、人に存在を知ってもらう大切さを痛感し、まだまだ自衛隊も戦闘機やパイロットについてあまり認知されていないのだと感じました。出演時のディレクターの方に私の仕事に強く興味をもってもらったことから、自分にとっては平凡な日々が、どれだけ刺激的なのか思い知らされました。

4 パイロットとして最上級資格を取得

その後、平成25年、32歳で各種あるパイロットの資格の中でも最上級の資格を取得しました。この時は、本当に苦労しました。

各種ステップアップのために、クリアしなければならないチェックは、強者の先輩方が行います。

知識・技量・メンタル・立ち振る舞い・時間管理・安全管理・状況判断・全体の掌握など、ありとあらゆる能力を厳しく確認され、それを評価されます。

そういった能力はもちろん参考書で補えるものではなく、そもそも絶対的な正解があるものでもありません。

戦いでは、その時その場に応じた状況判断を行い、決心時機を失せず、事の変化に迅速かつ適切に対応できる者のみが勝利を見出すことができます。

戦いの本質を正しく理解し工夫し、チャレンジを繰り返すことで、能力が少しずつ身についていくのです。

飛行教導群の最上級資格取得者は、基礎知識から操縦技術、考え方などありとあらゆることを航空部隊の戦闘機パイロットに教育しなければなりません。聞き手や被訓練者のレベルがばらばらであったとしても、わかりやすくかつ端的に話をしなければなりません。

時には何十人、何百人といったパイロットの前で、理路整然と話をする必要があります。

そのため、知識や技術はもちろん、その他各種能力は被訓練者よりも、はるか上でなければなりません。そうでなければ、戦いの場では説得力がなく、聞き手や被訓練者も簡単に納得しないからです。

全国の戦闘機パイロットは休日を返上し、フライトの復習や予習を行います。それでも戦闘機パイロットとして一人前になるのは難しい世界です。

努力するのが当たり前の戦闘機パイロットの中でも、トップとして突出していなければ、飛行教導群の任務は務められません。

だから、飛行教導群の最上級資格を取得するためには並大抵の努力では足りず、相当な苦労をするのです。限られた時間の中で最高の質を追求するため、飛行教導群の強者パイロット達は日々、向上心を持って訓練に励んでいるのです。

私の人生において、飛行教導群での最上級資格を取得するまでの期間は、辛く苦しい時期ではありましたが、その経験があったからこそ今の自分があります。どんな状況においても冷静に物事を考え、判断することが自然とできるようになりました。また、何事にも物怖じしません。

これらは、今の自分にとってとても役立っています。そして、これからの人生においても、この経験が絶対的に活きてくると確信しています。

5 自衛官としての目標を見失う

最上級の資格を取得するのに、飛行教導群に配属されてから約2年半を要しました。これは、比較的早く資格を取得したといえますが、相当に辛く苦しい期間でした。土日に関係なく、全ての時間を能力向上のために費やしました。

飛行教導群で最上級資格を取ると、フライトに関わる全責任を持って教育をする立場になります。

極論をいえば、最上級の資格がない限り、教育の場においては被教育者に対し、話しかけることすらできません。要するに、言葉を発する権限が無いのです。

質問に答えられるのは最上級資格を持った者のみです。

言い換えれば最上級資格を取得すると、あらゆる権限を持つと同時に責任を負うことになります。

飛行教導群のパイロットには各種資格がありますが、その最上級の資格を取ってしまうと、それ以上戦闘機パイロットとしての資格はありません。

私は最上級の資格を取得した後、喜びを感じる一方で「自分は今後、何を目標にすればいいのだろう」と思うようになりました。それまでは目の前にある資格取得が目標だったのですが、すべてクリアしてしまうと次の目標が見つからなかったのです。

とはいえ、自分の技量を確かめるために有事を望むのはおかしな話です。本来、何事もないほうがいいわけですから。

そういうこともあり、「はたして残りの自衛官人生は、何を目的に生きていこうか」と考えていたのがこのときです。

6 将来を真剣に考える

そんな私はロバート・キヨサキ氏の『金持ち父さん貧乏父さん』（筑摩書房）等の著作をはじめ、たくさんの本を読んで、将来のことを初めて真剣に考えるようになりました。

そして、パイロットとして生きてきた自分の価値観が大きく変わりました。

そうした転換点を迎えたのは、戦闘機パイロットの寿命の短さ、そして自衛官の定年の早さが関係していると思います。

戦闘機パイロットの一番〝旬〟な時期――これはお金を稼げる時期ではなく気力・体力ともに充実している時期のことです。それは、30代です。

40歳を超えても戦闘機に乗ることはできますが、現役バリバリというよりも管理職の立場が強く、私はどうしても魅力を感じることができませんでした。

自衛官の定年の平均は55、56歳と若いので、普通なら将来のことをしっかり考えなければいけないのですが、周りを見てもそのような人はほとんどいません。

先輩たちは楽しそうな人生を歩んでいるようには見えませんでした。

戦闘機パイロットの場合、体力勝負のようなところがあり、長くても45歳くらいで、普通は40歳前後で部隊を退きます。

そこから定年するまでの15年程度は、私には〝惰性〟で生きているようにしか見えませんでした。

そして、いつしか現場の魅力を感じられないのなら「組織の中枢で働いてみたい！」と考えるようになりました。

自衛官の多くは55歳頃に定年を迎えるので、より早く組織の中枢で仕事をすれば、再び新たな価値を見出せる。自分の知らない魅力がまだまだある。そういった想いから、37歳の時に横田基地で勤務することとなりました。

そこではフライトとは違った意味で忙しい日々を過ごし、それまで知らなかった世界を知ることができました。

ところが、現状や将来のことを考えると「本当にこのままでよいのか？」「自分に明るい未来はあるのだろうか？」そういった不安が過るようになったのも事実です。ふとした時に将来を考えると、期待よりも「不安」という二文字が私の頭に大きくのしかかりました。

パイロットは引退した時点で、手当てが減ります。通常の企業なら40、50代で昇進昇給するものですが、パイロットの世界は基本的にその逆なのです。

「このまま55歳で定年を迎えたら、その先は年金だけで食べていけるのか」と考えると、大きな不安が込み上げてきて、生涯年収を計算したりもしました。

そして、自衛官として働き続けることが賢明なのか、それとも新たな挑戦をすべきなのかを真剣に考えるようになりました。

考えれば考えるほど、このままではダメだと感じたのもこの頃です。

7 第二の人生のための活動

自衛隊以外で生きていくのであれば何をすべきか？

そもそも自分は何を求めているのかを考えたり、さまざまな書物に触れて思考の幅を広げていました。

そんな人生の模索を2年ほどした後、35歳でセミナーに足を運ぶようになりました。

また、気になる著者がいれば直接会いに行くこともありました。

お金に関するマインドを変える自己啓発系、株などの運用方法を具体的に教えてくれる投資系などです。

なぜ、お金関連のセミナーへ参加するようになったのかといえば、人生を模索していた2年間で、「自由を手にしたい」「将来の不安を払拭したい」という願望が湧き上がってきたからです。

しかし、それらを得るためには必然的にお金が必要です。

それまで私は自衛官として与えられる仕事に追われ、自分の希望や理想を描いたとしても、結局は何も動けていませんでした。だからこそ、行動を起こす意味でも、本だけでなく直接の場で学べるセミナーに参加していたのです。


ところがどんなセミナーに参加しても、自分にとっての再現性・・・つまり「自分がやれば成功できる！」と確信が得られるものなど何一つ見つかりませんでした。

例えば株の場合ですと、短期で集中して儲けようとするのなら、どうしてもチャートをこまめに見て売り買いをしなければならず、その時間を捻出するなど当時の私にはとても不可能でした。

いろいろな資産運用・副業セミナーに足を運んで気づいたのですが、詐欺まがいの怪しいビジネスを除いて、「至極真っ当だ！」と賛同できる手法のものは、いずれも相当の努力と時間をかけて成功しているものです。

もちろんセミナーの謳い文句は「誰でも簡単に副収入！」といったものなのですが、いざ話を聞いてみると、主婦や学生、労働時間が短い人などは別として、本業の事情で時間をかけられない人にとっては「現実的ではないな・・・」と感じる内容ばかりでした。

8 「出世」を捨てて、自衛隊退職を決意

退職時は東京の横田基地で、全国の航空部隊を取り仕切る運用部署において、主に日米共同に関する全てを担当していました。

仕事の内容からいうと豊富な経験と知識がなければ、就くことのできない席でした。決して順番に配属される場所ではなく、ある意味で選ばれた人がそこで働くのです。

こうした話をすると、「どうしてそんなに良いポジションに就けたのに退職したの？」と聞かれることが多々あります。

理由は端的に、「自分の明るい未来を感じ取れなかったから」です。戦闘機パイロッ

トとしてやり切った感があり、将来のことを考えると、このまま自衛官で居続けるメリットが見出せませんでした。

そのまま務めていれば「飛行班長」、そして「飛行隊長」といった、いわゆる〝出世街道〟を歩む可能性は十分にありました。私は高卒なのでキャリア組ではなかったのですが、現場のトップにはなれたと思います。

また、自衛官を辞めた後に民間の航空会社に就職することは十分に可能でした。

しかし、私は戦闘機パイロットとして、武器を装備し、国民の命や国の財産を守る使命を強く持って仕事に取り組んでいました。

民間企業に行けば大勢のお客様を乗せて空を飛ぶ、限られた人しかできない仕事に就けて、かつ年収１０００万円以上を稼ぐことも難しくない状況になります。

それでも戦闘機パイロットと比べると、どうしてもモチベーションが上がらなかったのです。

9 人生の転機となる出会い

退職届を出したとき、その後についての具体的なプランなどありませんでした。ただ、ぼんやりと「起業」と「海外に行くこと」だけは頭の中にありました。

1年くらい海外で勉強をして、その後はそのまま海外に暮らしてもいいかなと思っていたのです。地元の愛知県に戻って何か事業をやろうと計画したこともありました。そもそも私には「何か新しいことをするなら、40歳までに」というマイルールがありました。

当時の私は不動産投資に関心を持ち勉強をしていたのですが、市況やタイミング的に、どうしても不動産投資へ価値を見出せていませんでした。

本やセミナーで読んだり聞いたりしていたのは、高利回り至上主義。「利回り15%超えを狙え」「高利回りなら地方物件!」といった内容ばかりでした。

しかし、日本の抱える少子高齢化、人口減少といった問題を考えると10年後、20年後にとても価値が残っているとは考えられませんでした。

それでも、セミナーや勉強会で知り合った人たちは、アベノミクスの金融緩和の追い風に乗って、地方の物件をどんどん買い進めていました。

融資が受けやすい時代だったこともあり、地方の大きめのＲＣ（鉄筋コンクリート）マンションなどをフルローン、もしくはオーバーローンで買っていたのです。

ただ私は、「資産になり得ない物件に投資をしたところで、最終的に困るのは自分だ」と確信していました。

そのため、「なんでこんな物件を買うんだろう？」と周囲の人たちの行動に疑問を感じていたのです。

資産性という意味では、やはり東京のような価値のある不動産を持つほうが絶対に良いに決まっています。

しかし、利回りだけを考慮すると東京は土地値が高く、どうしても低利回りとなり、よほどの実績があるオーナーでなければ銀行もお金を貸してくれません。

よって、当時のセミナーにおいては「不動産投資は都内で！」という話は耳にすることもなく、多くの方が価値よりも利回りを求めて地方物件に投資していたのです。

それこそ例外を挙げるとするならば、後に社会問題とまでなった都内新築シェアハウスの「かぼちゃの馬車」くらいですから、その時期は手を出さずに様子見をしている状況でした。

「かぼちゃの馬車」事件とは、スマートデイズという企業によるシェアハウスのサブリース事業が破綻し、物件のオーナーへのサブリース賃料が未払いとなった事件です。

そんな中、とあるセミナーで「1にも2にも3にも立地だ！」と、徹底的に立地へ拘った不動産投資を推奨している方がいたのです。

その方が白岩貢さんです。

白岩さんをご存知ない方のために簡単に説明します。白岩さんは過去に世田谷にて珈琲専門店を経営していましたが、株式投資の信用取引に手を出してバブル崩壊と共に人生も崩壊。夜逃げ、離婚、自己破産を経てタクシー運転手になり、その後、土地の相続を受けて本格的にアパート経営に乗り出すという経歴があります。

現在は60室の大家でありながら、本業の傍ら不動産投資アドバイザーとして、その時代に合ったアパートづくりを累計３６０棟サポートされています。また、著作は合計15冊にもおよび、常に新しいビジネスを展開し続けています。

２０１８年9月、この出会いが私にとって第二の人生のスタートとなります。

白岩さんに出会い「旅館アパート」を知り、強い魅力を感じました。それは、37歳のときのことでした。

第2章

多くの選択肢の中からインバウンド起業家へ

～なぜ私が旅館ビジネスを行うのか～

戦闘機パイロットを辞めた私が次に進む道は、そう簡単には見つかりませんでした。

第2章では私がどのような考えで、退職から起業までを歩んでいったのか。そこに焦点を当ててお話しします。くわえて読者の皆さんへ、選択肢を示すことができたらと考えています。

本文でも述べていますが、私は自衛官の皆さんの退職を勧めているわけではありません。私自身は退職をして新しい道へ歩み出したものの、それだけが正解とは考えていません。

まず、自身が置かれた状況を知る・・・そこからはじめてください。

1 旅館ビジネスの可能性

２０１６年、35歳の私は、戦闘機パイロットとして沖縄の那覇基地に勤めていました。その年は、日本が対領空侵犯措置を開始した１９５８年以来、自衛隊機におけるスクランブル（緊急発進）回数が過去最高の１１６８回にも上りました。

その頃、スクランブルの対象といえば約８割が中国機です。

スクランブルの任務を終えた私は、地に足を着けて沖縄の街に一歩出ると、１００メートルも歩かないうちに、数多くの中国人とすれ違いました。

緊張に包まれた上空の世界とは１８０度ちがい、地上に降りると中国人がのんびり楽しそうに日本の街を歩いている光景を目にし、かなり驚いたのを鮮明に覚えています。

これは東京でも同じことがいえます。東京に勤務地が変わったのは２０１８年のことです。沖縄よりも街のスケールが大きいので、中国人をはじめとするアジア人に限らず、さまざまな人種の人が入り乱れていました。

世界中の人が日本という国を楽しんでいる・・・そこには平和な光景が広がっていたのです。

その後、第1章でもお伝えした通り、セミナーで白岩さんの話を聞く機会があり、初めてインバウンドを意識しました。

そして「旅館アパート」というビジネスの存在を知ったのです。

インバウンドという言葉は耳にしたことはあったものの、具体的な訪日外国人旅行者による経済効果、政府の姿勢といった情報までは知りませんでした。

しかし、インバウンドについての勉強を進めていくうちに、このビジネスが市場に極めてマッチングしていると強く思えるようになりました。

２０１８年に訪日外国人旅行者は３０００万人を突破しましたが、政府は２０２０年に向けて４０００万人、２０３０年においては６０００万人と大きな目標を掲げています。

これは経済的な側面から見ても、今の日本にとって必要不可欠な国家戦略だと私は考えます。

もともと私は不動産投資に対して、「あくまで個人の資産を増やすための手段」と捉えていたものの、「ビジネスの手段」とまで考えたことがなかったのです。

ところが住居を貸し出す普通賃貸ではなくて、物件を旅館アパートにすることで可能性が広がり、「旅館業が本当にビジネスとして成功できる！」と確信できるまでになりました。

そして、もともと起業に対する関心があった私は、インバウンドの世界で自分の力を試すことを決意ました。

2 「投資」は人生の選択肢を増やすツール

周りからは「もったいない」「辞めたあとは何をするの？」と何度も質問されました。ただ、自分の意志が変わることはありませんでした。

私は現在38歳ですが、50、60歳になったとき、二つのことが語れる人間になっていたいと思います。

これまで20年かけて自衛官、そして戦闘機パイロットとしての経験を積んできたので、これからの10年、20年は違うことをやって自信を持って語れるようになりたいのです。

また、自分の腕一本で食べていくのは、やりがいのある反面リスクが伴います。もし体を壊したらそこで終わりです。

それが高い報酬の職種であればあるほど、失ったときのダメージは大きくなるので、そういう意味でも将来の不安はありました。

パイロットでいえば、仮に片腕が使えなくなったり体に異常が出たら、潰しが効かないともいえます。

しかし会社を起業すれば、自分が実働をしなくても、的確な指示が出せれば運営ができます。また投資であれば、お金がお金を生み出す循環ができるので、起業と同じように専門職として働くうえでのリスクはある程度回避できます。

私のように公務員であっても、その後の人生には可能性が広がっていることを、多くの人に示していきたいと考えています。

先ほども述べたように、私にとっては投資も、現在取り組んでいるビジネスも一手段にすぎません。

今後も経営していく中で効率化できる部分や、自分が興味を持てるものが見つかれば、そちらに力を注ぐ可能性は十分にあります。

これは読者の皆さんも同じだと思います。

投資はあくまで手段にすぎず、本来の目的は「人生の選択肢を増やす」「自由な時間を手に入れる」ことだと思います。

そこを見失わなければ、可能性は無限に広がっていくことでしょう。

3 自分に合った「生き方」を考える

私が目指しているのはビジネスモデルを示すことですが、これはつまり「自分に合った生き方を知ってほしい」からです。

当たり前ですが、誰もが実業家ホリエモンのようになれるわけではありません。彼の自由な生き方に憧れる人は多いですし、「自分もホリエモンのようになりたい」と思う人が多いのも頷けます。

しかし、彼ほど極端に生きるのは精神的ハードルが高いでしょう。そこまで振り切ったところを目指さなくても、あなたは、あなたなりの強みがあるはずですし、その強みを武器にした、自分だけのビジネスモデルを作ればいいのです。

私を例にすると、元自衛官が今は起業家として活動しているわけですが、そのエピソードを聞くことで「自分にもできそうだ！」「そんな生き方があったのか！」と感じてもらえるのではないでしょうか。

特に自衛官は閉鎖的な環境下で生活しているため、決められたレール以外の道を知る機会が極めて少ないといえます。

私は現在、全国の自衛官に会う機会が多くあります。相談を受けることもありますし、私から知り合いのもとに足を運ぶこともあります。

飛行教導隊に在籍して、全国を飛び回って教育をしていた経験もあり、先輩や後輩が全国各地にいます。その時に培った人間関係が今は非常に役立っています。

そして、彼らの話を聞いていて常に思うのですが、「やはり私は自衛官の味方でありたい！」ということです。私自身、自衛隊で20年間築き上げたものがありますので、貢献したい想いがあるのです。

私は「自衛隊を辞めろ！」と主張しているのではありません。

世の中にはさまざまな選択肢があり、私のようにゼロからやり直す人間もいますし、自衛官のままであれば、今ある1を2にするのも一手でしょう。そうすれば、たとえ1を失っても「1」が残ります。奥様がいるのなら、２人で「2」を目指すのもよいでしょう。

とにかく自分のライフスタイルをつくってほしいと思います。

そして、その中の選択肢の一つとして、私が実践している世の流れに沿った不動産投資が安定していて、やり方さえ間違えなければ「堅い！」と確信しているのでお勧めしているのです。

4 自衛官の引退後の未来は明るいか?

ここで自衛官の引退後の未来を考えてみます。

対比するために、まず民間企業の話をします。大手の会社であれば、ある一定の年齢までいくと、それまでと変わらず働けたとしても関連会社に出向するケースが多いです。

出向であれば給与は変わらないケースも多いのですが、出向から転籍ともなれば給料が下がる可能性が高いです。

もしくは役職定年ということで、いくら同じ仕事をして、同じだけ生産性があったとしても、役職分の手当てが減って給料ががくんと減ることがあります。

これはよくある話で、今まで60歳定年だったのが65歳になる代わりに、その5年間は会社が同じ給料をあげられないため、55歳から給料が減らされるのです。

また、早期退職に対してインセンティブを出す企業も増えています。

このような時代の中で、サラリーマンとして頑張って働いていても、役職定年で給料が下がり、さらに出向から転籍になれば、どんどん給与条件が悪くなっていくのです。

ずっと現場で働いてきて、それまでは実績のあるポジションを担っていたのに、立場が低くなり、年下のかつての部下が自分の上司になることもありえます。

ただし、自衛官についてはそれが当てはまりません。階級によりますが、自衛官は55歳頃が定年で、今後伸びても60歳でしょう。

ただ、もし私のように18歳で就職して、55歳でリタイヤした場合だと、40年近く自衛隊のみで働いてきた人間を、はたして民間企業が進んで雇うでしょうか。

私は起業して改めて感じたのですが、なかなか難しいのではないかと想像します。

立ちっぱなしで体を張るような肉体労働であれば話は別ですが。

しかし現代は、そういった肉体労働的な仕事は機械やテクノロジーで補われる部分いずれにせよ、自衛官は長く勤めても引退後の道が明るいとはいえないでしょう。

そういう意味で、公務員の大半はかなり潰しがきかない職種といえます。昔はそうした定年近くの人でも天下り先が確保されていて、そこに行けばそれなりの給料がもらえましたが、今やその仕組みは崩壊しています。

例外なのは教員くらいでしょう。大学の教授もそうですが、教える立場にある人は60歳でも70歳でも経験値のある人ならば働き先があります。

しかし自衛官の場合ですと、現役時代に求められる肉体的な強さは、災害時や戦争下でこそ力を発揮しますが、日常においてはまず求められません。

これはショッキングな事実かもしれませんが、引退後、ガードマンやパチンコ屋の警備員など、肉体労働をしている自衛官が数多くいます。

今後はそういった人の数が増えていき、さらには勤め先が見つからないでしょう。ただ、これは考えてみれば致し方がないともいえます。仮に、あなたがＩＴ系のスキルを持ち合わせていたとしても、55歳の男性より若い外国人を雇ったほうが、はるかに生産性が高いからです。

今はその過渡期ともいえるでしょう。

牛丼チェーンのすき家の「ワンオペレーション」が問題になったり、セブンイレブンでも人手不足で店長の負担が膨大になり、24時間営業が難しくなっています。

今後は人間に頼ることなく、ますますテクノロジーやシステムに依存していきます。

昨今に騒がれている人手不足の問題も一時的なものであり、人々はどんどん改革を求めて発展していくはずです。

5　広がる情報格差

今の時代は情報格差が広がっており、「無知は罪」だと感じています。だから私は半強制的でも、自衛官に対して情報を共有する場を設けてもいいのではと考えます。

私自身も過去を振り返れば、本当に無知でした。

自衛隊に入って学んだのは精神教育と肉体的なトレーニング、そして飛行機に関することです。

とにかく一般の人と知り合う機会が圧倒的に少ないですし、かつ自衛隊の基地は田舎にあることが多いため、自分から行動しない限り、「接する人間は自衛官だけ」の状況になってしまいます。

特に私が入隊した「航空学生」と呼ばれる組織は、入隊当初は外出する（基地の外に出る）ことが自由にできません。そのため、思春期の高校生のようにルールを破ってまで外に出るしか方法がないのです。

そうすると、だんだん一般社会から離れていって、世間を賑わせている話題も「他人事」になってしまいます。

これは自衛官だけに限らず、公務員全般に言えることなのですが、思考停止になって根拠のない「自分はたぶん大丈夫」という思い込みをしてしまうのです。

私のように独立までの準備期間が長くて、いざ動き始めてから速いタイプは少ないですし、なかなか実践しにくいでしょう。

そこで考えてもらいたいのは、定年の年齢を見据えて事前に独立の準備をすることです。

現実には、50代になってから居場所がだんだんなくなり、退職するか、それとも給料削減を受け入れて残るかの選択を求められる人が多くいます。

しかし、そのタイミングになってから独立や起業を考えるのでは遅すぎるのです。ですから、そうした問題が顕在化する50代より前から対策を講じる必要があります。50代といえば、子どもの大学進学などの教育費、あるいは親の介護で、まだまだお金がかかる時期です。

そうした出費が同時多発的に起こったとき、本業で居場所がなくなったら一気に窮地に追い込まれます。そうならないためのリスクヘッジをすべきです。

今は人生１００年時代で、日本人の寿命は男性でも80歳を超えています。

つまり、55歳で定年しても、そこから30年近く人生が残っているのです。もし１００歳まで生きれば45年、55歳がほぼ人生の折り返し地点になります。

では、それだけの人が長生きした社会で、人口減少のなか果たして年金システムは維持できるのでしょうか。

国がいくら高齢者の働き口を斡旋したり、企業に対して間口を広げるようにお願いしたとしても、実際の要求数に追いつくでしょうか。将来的には間違いなく貧困老人が溢れかえることになるでしょう。

6 公務員に対する厳しい国民感情

日本は災害の多い国です。2019年10月の台風の影響で、河川の氾濫や浸水被害が問題になりましたが、海抜が低いエリアでも被害が出なかったエリアはたくさんあります。

日本は建築基準法もそうですが、こうした災害が起きたとき、国や自治体をあげて必ず改善をしています。いわば守ってくれているのは公務員です。

私はとても立派なことだと誇りに思います。とはいえ、昨今は公務員叩きが激しくなっており、つらい状況が続いているのも事実です。

例えば、区役所で働く人が休憩時間中に飲み物を飲んでいたことに対してのクレームなどです。

自衛隊も災害救助へ駆けつけた際に、食事を取っていただけでクレームになります。

自衛隊員も人間なので食事を取ることは当たり前なのですが、なぜかそうした不可思議なクレームを口にする人がいるのです。

学校の先生に対してもクレームがあまりに多いため、ストレスを抱え疲弊している先生が数多いと聞きます。

一般の方々の公務員に対する認識には、「税金で食わしてやっている」「民間に比べて手厚い」というものがあります。たしかに公務員の給与は税金で賄われていますが、民間に比べて手厚いかといえば、そこはわかりません。

過去に公務員の加入する共済年金には、厚生年金にはない「職域加算」といわれる年金が上乗せされていましたが、今ではなくなっています。

キャリア官僚を除く一般公務員は、民間企業と同様、このまま年金システムが立ち行かなくなったら、年金だけで食べていくのは不可能になるでしょう。

そして公務員に特徴的なのは、出世するのに時間がかかることです。

民間企業のように処理能力が高く、多くの利益をもたらす人が出世するのではなく、ミスをせずに階段を一段ずつ上っていける人が出世するからです。

残念なことに、優秀で出世しているキャリア官僚のなかには、日本に対して絶望している人も少なくありません。内部を知れば知るほど、いかにこの国の未来が暗いことに気づくからなのかもしれません。

7 終身雇用崩壊の余波

ここからは自衛官をはじめとした公務員の皆さん、それから、会社勤めをするサラリーマンの置かれた状況について分析していきたいと思います。

日本の場合、一つのことをやり遂げる「美学」を大切にされています。

現状の日本では60歳（あるいは65歳）まで働き続ければ、年金のシステムでようやく報われるわけです。

こうした制度を作った人たちは、労働者に長期間働かせることを「美学」として、国民にうまく刷り込んだともいえるのではないでしょうか。

２０１９年の春、経団連の会長やトヨタの社長が「終身雇用は今後難しい」と口にしたことが話題となりました。

終身雇用の歴史を辿っていくと、戦時中は技術者や職人は技量が高ければ高いほどヘッドハンティングされて、収入がより得られる職場へどんどん移ってしまったそうです。つまり、一つの場所に定着しない文化だったわけです。

そうした技術者や職人に対して、「長く働けば保証が充実し、給料も高くなる」というアピールを企業がするようになり、それに応じた形で法律も整備されていきました。

そう考えると、日本では戦時中に企業と政府が国民を縛るために終身雇用が生まれたのであって、そもそもの日本人の気質には合っていなかったともいえます。

何より終身雇用は「企業が成長していくこと」を前提にした制度です。

成長企業において「人材は宝」なので、その人材を確保するために仕組みを整備したのです。

では、なぜ終身雇用制度を外資系企業が導入しないのでしょうか。

日本企業の場合は、業績が下がると社員のボーナスを削ったり、その他のコストカットをして「みんなで痛みを分かち合って乗り切ろう！」というマインドがあります。

しかし、アメリカをはじめとするグローバル企業では、10％でも稼いでいる人がいるのなら、その人たちに報酬を与えて待遇を良くする一方で、下位10％程度の人材は切り捨てる思考です。日本企業の「一蓮托生」的な考え方とは真逆です。

これは法律によるところが大きいといえます。やすやすと社員を解雇できないように日本の法律では定められています。

しかし、小泉政権下の時代に「派遣法」が定められ、非正規労働者が急増しました。

これはつまり、「社員は守って、派遣の人を大量に入れることで調節しよう」という考え方です。その結果として、かなり多くの人たちが貧困に陥ったのは周知の事実です。

ただ、自衛官の人たちはそうした問題を耳にしても、「わかっていた」というより「自分には関係のない話」と捉えて危機感がありません。

国家公務員が副業を禁止されていることも大きな要因なのかもしれません。

8 年金2000万円不足問題

最近、話題になったトピックといえば「年金２０００万円不足問題」です。

２０１９年６月に公表された金融庁の審議会による試算の結果、「夫婦そろって65歳から30年間生きると、老後資金が総額で２０００万円不足する」と報告されて物議を醸しています。

もっとも、２０００万円問題を提起したのは、「年金が不足して困っています」という現状報告ではなく、国民に投資を積極的に行ってもらいたい願いから来たものでもあるでしょう。

銀行だけでなく証券業界、保険業界を統括する金融庁からすれば「貯蓄から投資へ」は政策の方向ですから、若いうちから老後に備えていくことを提唱して、そのための政策（財形貯蓄や積立ＮＩＳＡなど民間の金融商品）を推進することは当然です。

「みなさんお金についても考えて、若いころから資産形成をしていきましょう」と提唱したつもりが、野党や市民からの反発が想定以上に大きかったのです。

いずれにせよ、公的年金だけでは不足する現実が、10年以上も前から公的機関を問わず、さまざまなところで指摘されていました。企業が社員の面倒を一生みるのは難しくなっているのが現実であり、老後を国の仕組みが支えるのもまた困難なのです。こうした流れから、投資や副業を勧める流れは今後も加速していくでしょう。

ただ、私は企業がそうした厳しい状況に直面しているにもかかわらず、「70歳まで働ける仕組みを作りなさい」と言っている政府には矛盾を感じます。企業の実態を無視して、ただ無責任にお願いをしているだけのようにしか思えないのです。

少子高齢化で生産人口が著しく減少していく中で、公務員の定年が70歳になる可能性もあるかもしれませんが、サラリーマンに「70歳まで働け！」と命じるのは、本人の意思はともかく企業視点で考えると、かなり厳しいように感じます。

9 人口のみならず国民所得も減少

少子高齢化による人口減少だけでなく、国民の所得についても日本では減少しています。

厚生労働省「国民生活基礎調査」（２０１８年）によれば、１世帯当たりの平均所得は一昨年の５５１万６０００円と、前年より８万６０００円減少しています。くわえて所得が平均を下回る世帯は全体の62・４％にのぼり、過去最多となっています。

また、国連経済社会局が２０１９年に発表した、65歳以上の人口に対する25～64歳の人口の比率を示す「潜在扶養率」によれば、２０１９年は１・８人、つまり２人未満で１人の高齢者を支えている現実があります。今後もこの割合はさらに減っていくでしょう。

しかも世界平均を見れば5倍以上です。これでは若い人が絶望するのも当然のことです。

くわえて、日本では教育費の家庭負担も先進国のなかでは非常に高く、「給料は上がらないのに教育費の負担が増えている」という現状があります。これが少子化の主たる原因であることは言うまでもありません。

ちなみに、日本において社長の出身大学が最も多いのはどこの大学だと思いますか？答えは東京大学でも早稲田大学でも慶応大学でもなく、日本大学なのです。これは単純に日大の学生数が多いからなのですが、割合で見るとトップは慶応大学です。慶応はＯＢ会が有名なことからも推察できるとおり、学閥の根強いことが理由と考えられます。

東大も割合としては悪くないのですが、年収レベルで見ると、実はそれほど高くはありません。海外に行く人も多いでしょうし、研究者は調査対象から外れているものの、外資系企業でトップを取る人で東大卒はいないそうです。

教育の費用対効果で考えるのなら、民間企業に就職するよりも、医師になるのが圧倒的に高いと言われています。

医師であれば社会的地位もありますし、勤務医として組織に属すことも開業医として独立することも可能です。

東大生に関していうと、協調性よりも「我が道を行く」精神が強いタイプが多いため、同じ東大生のなかでも出世するのは公務員的な「失敗しない人、減点されない人」が多いといえます。

結局のところ、海外であれば教育に投資した分は回収できる状況ですが、日本では教育に投資をしても、実を結ぶ可能性が高くないことが数字で明確にわかっているのです。

東大を卒業して一流企業に就職できても出世できるとは限りません。

人気のベンチャーや外資系コンサルは学力以上に実力勝負ですから、教育に投資した分が回収できるほどの稼ぎを得られるのかは未知数なのです。

10 教育費の問題点・・・奨学金破綻

とはいえ、親であれば子どもにしっかりした教育を受けさせたいと誰もが願うものです。

しかし、ここでも起きるのがお金の問題です。とりわけ東京に住んでいると生活コストが高いので、お金を捻出するのも一苦労です。

ちなみに、教育費は公立であっても一人当たり約2000万円はかかるという試算があります。

そんな国だからこそ、子どもを産まない人がこれだけたくさんいますし、産んだとしても年収1000万円クラスの上場企業勤めの人でさえ苦しんでいる状況なのです。

それでも、大学受験をする子どもが圧倒的に多いのが現状です。

お金に余裕のない家庭は奨学金を受けて大学に進学するのですが、昨今問題となっているように、奨学金の返済で窮している社会人はたくさんいます。

労働者福祉中央協議会が実施した「奨学金や教育負担に関するアンケート調査」（２０１９年発表）によると、借入総額は平均３２４万３０００円、毎月の返済額は平均１万６８８０円だそうです。近年は利用率も上昇していることから「奨学金破産」する人たちも出てきているほどです。

これがアメリカなら、一流大学の学歴を持つことで給料が上がる相関関係が成立しているのですが、日本はそうではありません。

東大・京大クラスになれば違うのかもしれませんが、ＭＡＲＣＨクラスでも「非正規社員にしかなれなかった」「ブラック企業しか内定をもらえなかった」という人がたくさんいます。

むしろ高卒であっても、工業高校で成績優秀者になって一流企業の工場に就職し、その後は出世して高年収になった人のケースが数多くあります。そう考えると大卒の肩書きだけが、社会的地位の獲得や年収アップにつながるとはいえないのです。

そうして大卒後、３００万円以上もの借金を抱えて困窮している若者が数多くいる状況なのです。大きなハンデを背負わせるのに、親が無自覚なのも悲しい話ではありませんか。

私は、「大学に進学するのを諦める」のも選択肢として加えるべきだと考えています。そして大学に進学するのであれば「勉強しに行くところ」「遊びに行くところ」ではなく、「働きに行くところ」と考えるべきだと感じています。

在学中に起業してもいいですし、中退して就職するなり、海外へ飛び立つのもいいでしょう。

日本の場合、4年制の大学を現役で卒業すると22歳となり、それまで学んだ4年間の知識によらず、新卒1年目でまた仕事の勉強をスタートするわけです。

そうではなくて、大学がすでに就職しているような感覚で通える存在になれば、新卒時から多額の借金を抱え、それが原因で生活が困窮したり、破産する人を減らせると思います。

奨学金で借金を背負ってしまうと、どれだけブラック企業であっても会社を辞めることができなくなります。

奨学金を払うために携帯料金の支払いが遅れると、そこで信用情報が傷つきます。家賃をカード払いにしていると、家も借りられなくなる恐れがありますし、将来に住宅ローンすら借りられなくなります。

そう考えると、そこまでして無理に大学へ進学する必要はないのではないでしょうか。借金を抱えてまで４年間大学に通うよりも、社会に出て働いたほうが向いている学生もいるはずです。

それが今では、ほとんど大学一本の選択肢になっている状況にこそ問題があるのです。むしろ大半の高校生が大学を目指すことによって、本当に優秀な層に教育が手厚くなれないデメリットもあります。その結果、海外に留学して日本に戻らないケースや、優秀な研究者が国の研究機関ではなく民間企業に流れてしまう事例もあります。

これは自衛隊もそうで、中には、防衛大学をトップで卒業した人も自衛隊を去っていきます。これは医師も同様でしょう。

また、小学校や中学校に関しては不登校の生徒が大幅に増えています。

文部科学省の調査によれば２０１７年度の不登校児童生徒数は14万４０３１人と過

去最多を記録したそうです。

この調査と同じ年に施行された「教育機会確保法」は、不登校の生徒に対しての教育機会を確保するための法律です。

今後はそういった子どもたちのためにも、「学校でしか教育は受けられない」という考え方が変わってくることでしょう。

教育がより柔軟でフラットなものになれば、先生選びの競争も激化していくはずです。これまでのように「地方の子どもが大学進学で上京する」ことも、どんどん減っていくでしょう。

そうなると、地方の子どもたちの教育の充実を図るうえでも、学校に縛られない教育システムが必ず必要になります。

実際、すでにリクルートの子会社が運営しているスタディサプリというアプリでは、かなり安価な値段で予備校の授業が受けられます。これもスマホを日常的に使う若い世代にはぴったりのサービスであり、今後この分野はさらに発展していくことでしょう。

いずれにせよ、これだけ国力が減退しているのですから、貴重な人的リソースは適切な分野・場所でその価値を余すことなく発揮してほしいものです。

すでに発展途上国がどんどん成長していき、いずれは日本を追い抜くに違いありません。現に、アジアのＧＤＰは上昇しています。

11 公務員の未来も安泰ではない

ここまで解説したように、自衛官は安定的だと言われる公務員ではありますが、決して安泰といえる状況ではありません。

自分の老後の前には、自身の親の介護もありますし、子どもがいる方は教育費をどうするのか考えなくてはなりません。

また自衛官以外の公務員も、今後はどうなるのかわかりません。地方の市役所など、人口が減って町がなくなれば不要になります。

その地方においては小学校が統廃合されることも珍しくないですし、大学も今後はどんどん数を減らしていくでしょう。

２００４年には国立大学が独立行政法人化しています。国が財政面に責任を負いつつ、大学の自立性は保つという話でしたが、国が国立大学への予算となる「運営費交付金」を削減し続ける中で、お金が取れない基礎研究はできなくなりつつあります。

さらには、世界的に見ても少ない職員の数も減らさざるを得ず、そのため教授たちは雑用に追われて、教育や研究を行うべき時間が確保できない弊害が出ています。

また、高校に関して言うならば、私はそもそも高校を不要だと考えています。

現状では、基本的に教員は一つの学校に属しているわけですが、優秀な英語の先生なら一つの高校に属さず、「月曜日はこの学校、火曜日はあの学校、水曜日はこっちの学校へ・・・」と人気の塾講師のようにしたほうが生徒のためですし、先生側もより成長できて稼ぎも増えるでしょう。

しかも現代なら学校に行かなくても、ネットを通じで勉強ができるわけです。現に予備校では人気講師のサテライト授業を、地方の中高生が受けるのは当たり前になっています。

そして、そういう仕組みが進めば、先生たちもリストラされないように頑張るはずです。厳しい言い方ですけれど、組織としてもより優秀な人材が残ります。

私の学生時代を振り返れば、そもそも公立高校の英語教師でほとんど英語が喋れない人のほうが多かったのです。今でも完全に改善されたとはいえないでしょう。

しかし、そもそも高校は義務教育ではないので、そうした質の低い教育しか提供できないのであれば、これまでの考え方を一新する必要があるのではないでしょうか。

12 中高一貫の卒業生はこれから生き残れない!?

話は少し逸れますが、東京をはじめとした首都圏では、子どもを中高一貫の私立へ通わせたがる家庭が多いようです。

そうなると中高の6年間のうち、5年で単位を取り、残りの1年間は受験勉強だけにあてるのです。このように公立ではできない単位の取り方を中高一貫の学校はできるので、いくら偏差値が高い上位校であっても、一浪する人が多いそうです。

そして、中学生・高校生といった多感な時期を共にした仲間は、卒業後も関係が長く続くことが多いので、社会人になってからも有利な環境に入れる可能性が高まります。

ただ、日本社会だけで生きていく場合なら、それでもいいのかもしれませんが、今のグローバル社会では、日本から外れると少しも役立たない人材の価値は高くありません。

したがって、中高一貫よりも人間的に揉まれたほうが、今の時代では生き残れるのではないでしょうか。

一浪することは、「挫折」の経験です。それが偏差値の高い進学校に入った子なら、なおさら大きいでしょう。

そして、私立の中高一貫は、できない子はふるい落とされる・・・つまり退学させてしまうそうです。

また、中高一貫の私立だと、その家庭における、おおよその世帯年収が近しいかと思います。

公立ならその幅は広いので、良くも悪くも様々な家庭の子どもと接することができ、それもグローバル社会で生きるうえで役立つ力となるはずです。

今後はＡＩがよりビジネスでも身近な存在となり、単純に知識が豊富で処理能力が高いだけではＡＩに仕事を奪われてしまうでしょう。

人間としての根本的な生命力、コミュニケーション力、異文化理解力が一層求められるようになる気がします。

私は愛知県の出身ですが、やはり周りの同年代を見ると、地元の大学へ進学するよりも東京に行った人のほうが、多様な人と環境のなかで揉まれているため、結果として地元に戻ったとしても活躍している人が多いです。

私自身、高校を卒業して自衛隊に入りましたが、自衛隊には全国から人が集まります。ただし、そこで行うことは画一的なので、最初は個性豊かだった人たちも、どんどん組織のカラーに染まっていきました。

おそらく自衛隊という組織の教育がそうさせているのだと思います。

指導している教官自身も、ずっと同じ環境で外の世界を知らないが故に、本心からそのような言行を発しているのかもしれません。

13 学歴だけを追い求めるのではない価値観

退職後の私は、ある高校から講演の依頼を受けました。そこの先生曰く、「学生の将来に対して、どのようにアドバイスすればいいか悩んでいる」とのことでした。

高校からすると、大学受験の勉強をさせて偏差値の高い有名大学に進学させることができれば、高校の実績としては上がって名誉になります。

それでも、その学生にとって将来の保証は何にもないわけです。

過去においては高学歴でさえあれば、一流企業から引っ張りだこの時代もありました。今後は人格・コミュニケーション力なども重視されます。テストの点数が良いだけで、一流企業の入社試験をパスできる時代ではなくなるのではないでしょうか。

だからこそ高校の先生も、「より偏差値の高い大学に行けば大丈夫！」という単一的な回答を示せなくなります。

そして、私のような高卒で戦闘機パイロットになり、その後に起業した経歴を知って、「ああ、こういう生き方もあるんだな！」というロールモデル（模範）として、高校生に向けて講演してほしいと望まれたようです。

やはりこれも、教育の現場が大きく変わっていく流れの一環のように感じました。

第3章

「前川式」人生を豊かにするための7カ条

第3章では私が考えた「人生を豊かにするための7カ条」を読者の皆さんへお伝えします。すべてが私のオリジナルというわけではありません。奇をてらった話もありません。

私からすれば、ごくごく自然な考え方ですが、自衛官をはじめ画一的な価値観に囚われやすい公務員の方には、ぜひ知っていただきたいことばかりです。

勇気を出して一歩を踏み出す、そのためのきっかけになれば・・・と願っています。

第1条 常識を疑え

今まで生きてきた環境や周囲の現状はもちろんのこと、組織の中で働いている人であれば、規則や決まり事がすべて正しいとは限りません。

「今の当たり前」を「当たり前」と決めつけてはいけないのです。

現在の日本は「失われた30年」と称されています。これまでのやり方を繰り返していても、明るい未来は勝ち取れません。

個人レベルでいうならば、「大学を卒業して就職し、一つの会社で働き続けることが王道である」が正しいのか、そういった普通とされていることを考え直す必要があります。

「周りの人が行くから高校・大学に進学する」
「大学を卒業して、みんな働くから自分も就職をする」
「前任者がこうしていたから、自分も同じことをする」
「周りが結婚して子どもを産んだから、自分もそうする」

このような横並びの精神では、これからの時代に通用しません。

第2条 変化を恐れるな

ダーウィンの進化論でも唱えられているように「強いものが生き残るわけではなく、変化に対応できるものが生き残る」といえます。

今の日本でもそうですが、変化の波に乗れない人は自ずと取り残されていくでしょう。

私の実体験でもいえることですが、とかく公務員は変化を嫌います。しかし、それではこの激動の時代を生き抜けられるでしょうか。

よく言われることですが、チャレンジもしないで教訓は得られません。そして変化の過程では、必ず失敗を経験します。

「失敗」と聞くと、ネガティブな印象を持つ人も多いでしょうが、失敗は「なぜ失敗したのか」がわかることであり、次につながる一手になるともいえます。

ゴルフで例えますと、アマチュアはショートになる人が多いのですが、プロは必ず打ち込んでオーバーになります。

そうすることでカップインしなくても、必ずラインが見えるのです。ショートだと、「次はどれくらい打ち込めばいいのか？」がわかりませんが、挑戦してオーバーになれば、力の入れ方などが感覚としてつかめます。

変化に対して柔軟に対応できるようになれば、成功をつかみ取ることができるようになります。

簡単にいうと、「1歩踏み出す勇気を持てる」ことですが、これが簡単なようでとても難しいです。

「常識を疑え！」と前にも述べましたが、世間の常識を疑い、そこから逸脱することは、つまり周りがやっていないことにチャレンジをしたり、知らない世界に飛び込むことであり、そこには勇気が求められます。

しかし、大なり小なり一歩を踏み出した人には必ず未来があります。

特に公務員の場合は、人と違ったことをすることに抵抗を感じる傾向があります。

私は自衛官だったのでよくわかりますが、パイロットを辞めて全く違う業界に転職をしたり、独立した人は極めて少ないです。

ほとんどは民間企業のパイロットになったり、55歳で定年したあとに肉体労働の仕事をしています。

もちろん職業や職種に優劣はないわけですから、何をしようとその人の自由ですが、「実はこういうことをしたかった」「やりたくもないのに、リスクがあるから今の仕事を続けている」のであれば、それは非常にもったいないことです。

第3条 チャンスを逃すな

チャンスは平等に与えられているとは限りませんが、誰のもとにも多かれ少なかれ訪れるものです。

肝心なのは、それを「チャンス！」と捉えられるかどうかです。

それが変化を恐れないマインドへとつながります。

いくらチャンスがやって来ても変化を恐れてしまえば、その波に乗ることはできません。よく「幸運の女神は前髪しかない」といわれますが、ほんの些細なことでも「これはチャンスだ！」と受け入れる人、そして行動に起こせる人がやはり成功するのです。

不動産投資も同じです。物件をこまめに探していれば、必ずチャンスは訪れます。ただ、そのチャンスを生かすも殺すも、その人次第なわけです。

そしてチャンスを逃さない人間になるためには、「意識すること」が大切です。

驚かれるかもしれませんが、飛行機業界において「安全は意識」といわれています。事故を起こす・起こさないを左右するのは、機械トラブルよりもヒューマンエラーによるものと考えられているのです。

逆にいうと、精神が安定している人、目的・目標が明確な人、自分がどうすべきなのかがわかっている人は、何か突発的なことが起きたときも即断即決ができます。

これとは逆に、曖昧で人の真似ばかりして何も考えていない人ですと、チャンスをチャンスだと気づけません。


もちろん目的・目標というものは、それぞれ人によって違いますが、どんな目的・目標であれ、何か情報が入ったときに反応して自分のものにできる、アレンジができるのは自分の頭で考える習慣がある人だけです。

私は思考力を高めて、自分が望んでいることを常に明確にするために、ホワイトボードに目標・目的を書くようにしています。

そこに毎日「自分はこうなる！」と、ありたい姿を書くだけで意識に刷り込むことができます。

第4条 無知を恥じる前に行動せよ

世の中わからないことばかりです。

情報過多な現代では失敗例もたくさん耳に入りますが、その結果、大半の人が何をしたらいいのかわからないまま足を止めてしまいます。

セミナーに参加しても知らないことを恥じてしまい、その場で行動に移さず、帰ってから調べるのが日本人によくあるパターンです。

たとえ恥をかくとしても、それは一瞬です。むしろ、知らないことを知らないまま進めるほうが、よほど恥ずかしいと私は思います。

行動に移せない理由が「無知な自分を守るためのプライド」ならば、それは非常にもったいないです。

私自身、40歳になろうとしていますが、知らないことだらけです。

ただ、知らないことがあったときは黙っているのではなく、その場で解決するように心がけています。

そうして自分の中で腹落ちしたら、すぐ行動に移すようにしています。

大半の人は「わからない・・・」で思考停止になってしまい、行動を止めてしまいます。私も講師経験のある人間として実感していますが、生の話を聞いて共感する人は多いものの、いざ行動に移せるのは10人に1人いるかどうかです。


不動産投資でいうなら、前述したようにたくさんの情報が世の中に溢れています。

その情報に飲み込まれてしまったあげく、自分がどのように動いたらよいのかわからなくなっています。

そして、いつまでたっても動き出せない・・・情報に縛られてがんじがらめの状態になってしまうのです。


そういう人はいつまで経っても物件を買えないまま、理論だけ詰め込んで頭でっかちになりがちです。いわゆる「ノウハウコレクター」です。

たしかに勉強は大事ですが、勉強に終わりなどありません。「完全に学び切る」ことはどんな分野であれ、ありえないのです。

ですから私が提案するのは、気になること、わからないことがあれば、その場で聞いて、まず行動を起こす。そして、走りながら考える。速やかに一歩を踏み出しながらも、学びを続けて自らの「目」を磨いていくのです。

ある調査によると、日本人が社会に出たあとに勉強する時間は、１日平均６分だといわれています。

学生時代は、半強制的に勉強することが求められましたが、社会人になってその状況から解放され、仕事や家庭に追われるようになると、資格取得を目指す人などを除けば、大多数が勉強をしていません。

子どものころは誰しもが「０→１」の学びを日々していたはずです。

これが社会人になると、知らない世界に入るのが億劫になり、新しいことを学ぶ楽しさを忘れてしまいます。それもまた非常にもったいないことです。

第5条 己を知る

これは簡単にいうと、「自分の強み・弱みを棚卸ししましょう！」ということです。

それなりに齢を重ねてきた人ならば、自分を理解していると思いますが、本当に自分に適した戦略を実践できているのかといえば、そうでもない気がします。

ホリエモンに憧れる人は多いですが、誰もが彼のようなカリスマ的存在になれません。

しかし、１００％コピーできなくても、部分的なら取り入れることは可能かもしれません。

このとき、何を取り入れるかはその人のネイチャー（性質）に適したものでなければならず、そのためには自分のことを理解したうえで、「自分にはできない」と諦めないことも重要です。

これを不動産投資に当てはめて考えてみると、まず自分の属性を客観的に見ることが求められます。あなたが公務員なら、一般企業に勤めている人よりも、銀行からの評価はいいわけです。

それなのに、公務員のなかには「属性」という言葉すらよく理解しておらず、「ローンを組むのは怖い」と敬遠しながらも、住宅ローンは積極的に借りている人が大勢います。

同じように、収益率で考えるなら地方の一棟物件が圧倒的に良いですが、「地方は人口減少の影響を受けるから避けたい」と提唱されているテンプレートな思考を鵜呑みにして、実態をきちんと見ようとしない人も多くいます。

実際には、「リスクが高い」といわれている田舎エリアの投資でも、埋まらない空室に悩む人がいる一方で、賃貸収入だけで裕福な生活ができるほど稼いでいる人は数多くいます。

その逆で、「東京だから安心！」と判断し、新築ワンルームを買ってしまう人もいますが、その収益性の悪さは改めて言うまでもないでしょう。都心の〝負動産〟を抱えてしまい、毎月持ち出しが発生している人も少なくありません。

これらはいずれも「思考停止」から起こる機会損失です。

不動産投資についていうならば、万人に当てはまる正解はありません。その人の属性・資産背景・実務能力・ストレス耐性・不動産投資への熱量などによって、選ぶべき選択肢は異なります。

いずれにせよ、何も知らないまま思い込みだけで判断すると、良い結果は得られないでしょう。

第6条 組織よりも個

組織よりも「個」とは、「個人の充実さ、自由を組織の論理よりも大切にする」という意味です。

勤め人にとって、自由を手に入れている人、お金を持っている人は羨望の対象です。

しかし、これを不動産投資に当てはめて「不動産投資は手間もかからず不労所得を得られる」と考えるのは間違っています。

ただ、不動産投資はストックビジネスであり、フロービジネスと比較して仕組み化できるので、その点が非常に強みです。


お金を稼ごうとするとき、ストックビジネスを考える人はあまりいません。

大概の人がまず考えるのが自分の技術で食べていくことです。医師や弁護士などの独立しやすい職業、あるいはクリエイティブな分野において自分の名前で食べていきやすい仕事がその代表例です。

そしてパイロットもそこに入るでしょう。勤め人であり自由を獲得できるわけではありませんが、自分がしたいことでお金を稼ぐ点においてはマッチしています。

しかしパイロットの場合は、そこを目指してようやく実現した人でも、就職して10年も経てば「パイロットになってよかった！」と幸せに感じる反面で、「自分はこのままでよいのか？」「何か違うことに挑戦したい」と渇望する人も多いのではないでしょうか。

それでも、ほとんどの人がパイロットを辞めません。

それはなぜでしょうか。

お金がそれなりに稼げて、何より「辞めたら他に何もできない」と思い込んでいるからです。

ですから、与えられた仕事のなかで自由を得ようとする人が多いわけですが、そこには規則も多く、本当の意味で「個」として活躍するのは難しいところがあります。

自衛官の場合は公務員なので、副業が禁止されています。

そのため、「個」として生きていく発想がどんどん薄れていき、組織に従順になってしまいます。

そこで考え方を変えて、自分が活動できないなら妻や両親、成人しているなら子どもといった具合に「個」の生かし方はいろいろあるはずです。

そう考えると、「個を生かす」といっても、必ずしも組織と距離を置かなければならないわけではなく、組織の力も借りながら「個」として活動する方法もあるわけです。

選択肢が豊富にあるのを知らないまま、「自分にはこの道しか活動する方法はない」

と思い込むのは非常にもったいないではありませんか？

ちょっと厳しい言い方になりますが、何も理解しないまま、学ばないまま行動に移す人が多過ぎるように感じます。

だからといって、「世の中は嘘や怪しい話ばかりだ！」と疑う気持ちが強まり過ぎては何も行動できなくなってしまいます。

そうした極端な思考に走ってしまうのは、やはり自分のことを理解せず、周りの状況を勉強する姿勢が足りないのです。

第7条　勝ちより「価値」

目先のことだけでなく視野を広く持つ、つまり「大局を見る」ことは非常に大切です。

不動産投資の例でいうと、騙されて失敗する人は往々にして目先の利益に飛びつきがちです。

言ってみれば、「結果がすぐ出る」ことに拘り過ぎているのです。

ですから「何もしなくても不労所得が得られますよ！」と、悪徳業者の謳い文句に騙されてしまうわけです。

QR・バーコード決済アプリ「PayPay」が、2018年末にとてつもないキャッシュバックキャンペーンを展開していたのを覚えていますか。

総額100億円分のキャンペーンを用意していたのが、わずか10日間で無くなってしまいました。それくらい、本当に儲かるのなら短時間で無くなってしまうものです。

『金持ち父さん 貧乏父さん』でも書かれてあることですが、「価値のあるものを持つ、価値のあることをやる。それが最終的に人生の勝ちだ」と私は思います。

目先の勝ちばかりを追い求めても、それに価値が無ければ結局は何も残りません。

しかし、価値があることを続けていれば最終的に勝てます。

それでも、勝つことだけに価値を置いていたら、人生の終盤を迎えたときに何も残っていないことに気づくはずです。

瞬発的な儲けを狙うのは、ビジネスでは間違っていないかもしれません。

それでも「人生」という単位で考えた場合、瞬発的な儲けを長期的に出し続けるのは非常に困難です。

だからこそ、長期で見据えて価値があるものを育てていく、増やしていく姿勢が大切なのです。

そもそも今の時代、「勝ち・負け」はかなり属人的なものになっています。あなたが「勝った！」と喜んでいても、価値観や目標はさまざまです。負けた人は、あなたのことを羨ましがっていない可能性も十分にあります。

ですから、そんなところで一喜一憂するのは非常にもったいないです。

むしろ価値は、「負ける」ことにあるのかもしれません。負けても学びがあれば、それは長期的な意味での成長につながることでしょう。

第4章

なぜ、インバウンド×不動産投資が“成功”のための最善策なのか

第4章では、私が大家としてもビジネスとしても関わっている旅館業にスポットを充てます。

高齢化が進み、もはや人口減少が止まらない日本において、毎年増え続ける外国人訪日客こそが日本経済を担うキーとなります。

詳しくは本文に譲りますが、国の施策としてインバウンドは重要視されているのです。その魅力について解説いたします。

1 まだまだ伸びしろのあるインバウンド需要

私が自衛隊を辞めようと考えていたときは、その後のことを具体的に考えていませんでした。

しかし、白岩貢さんとの出会いから、旅館業への関心がどんどん高まっていきました。このビジネスの根底には国策もあり、社会貢献にもつながっています。くわえて、賃貸不動産オーナーにとっても利益があるのです。

まさにwin-winな関係が築けることを知りました。

バブル崩壊以降の景気の後退は深刻で、その後、ファンドバブル崩壊後に追い打ちをかけるようにリーマンショックが起こりました。

日本人の平均給与所得は１９９７年より下がり続けており、国税庁の発表した「民間給与実態統計調査」（２０１８年）によると、昨年は４４０万円と上昇基調にありますが、1997年の水準である467万円には戻っていないのです。

アベノミクスで一時的に持ち直したとはいえ、現在が好景気かといえば、そのようには感じられません。昨年の秋に消費税が8%から10%にも引き上げられたことも影響していると思われます。

その結果、消費を控えて「買い物をしなくなる」「お金を貯めたがる」「旅行もしなくなる」という負のスパイラルに陥っています。

言ってみれば安心してお金が使えない状況が続いているのです。

しかし片や目を向けると、訪日外国人観光客の数は増えており、現状で3000万人以上、10年後には6000万人を目指しています。

ただし、直近では日韓の問題もあり、韓国人の来日観光客数は2019年1～6月を前年と比較すると、3・8%の下落が起きました（日本政府観光局（JNTO）／2019年1～6月の訪日外国人客数）。半期としては5年ぶりの減少で、現在はさらに悪化しています。台湾も韓国までとはいわないまでも減少しています。

一方、中国人の来日観光客数は11・７％増で新記録を達成しました。アメリカ人やヨーロッパ人に関しても2桁の成長です。

彼らは日本でたくさんの消費をします。１人あたりの消費額は、フランス人がトップの約24万円で、イギリス人を抜きました（観光庁／２０１９年第２四半期（４〜６月）の訪日外国人旅行消費額（１次速報）。

ヨーロッパ勢の消費額が多いのは、近隣国と比べて日本への滞在期間が長いからです。

政府が目指す数値を達成したとき、日本が観光立国として年間６０００万人もの外国人が訪れる国となれば、その経済効果は計り知れません。

２　経済大国ではなく観光立国へ

ここ数年、政府は「インバウンド」を強く打ち出していますが、これはビジネスとして非常に理にかなっていると思います。

ですから、私自身も一つの手法として、旅館アパート投資をしています。

普通の不動産投資、住居としての賃貸物件に投資をするより2、3倍の価値があると考えています。

そもそもインバウンド需要を取り込む前の日本の旅館業界は、内需＝国内旅行客がターゲットでした。しかし、給与所得が減り少子化・高齢化が進む中で需要が縮小したという背景があります。

20年前の日本は世界でもトップクラスの勢いがありました。国民は自信を持っていましたし、実際先進的な取り組みも多数ありました。

しかし、世界は日本の失敗したところを学びながら、労働力をかけて生産性を向上させ、とてつもないスピードで日本に追いつき、そして追い越していきました。

現在、かつて途上国であった国々でも「日本の商品は安くてお得だ」と思うようになっています。過去、日本は憧れの対象で出稼ぎにいく国でしたが、今はその逆を進んでいるのです。

現在の日本は、もはや経済大国ではありません。

その代わり、美味しい食べ物、治安の良さ、物価の低さという観光立国では最も求められる3つを強化しています。

他にも、おもてなし、文化、自然などを味わうために来日する外国人もたくさんいます。

たしかに日本の経済は衰退してしまい、今後に回復するのかはかなり不透明です。

しかし、日本は世界にない魅力をいくつも持っています。そこに投資をすることによって、新たなビジョンが見えてくる可能性は大いにあり得ます。

3 旅館運営の可能性

旅館運営に興味を持ったのは、ビジネス的に成功できる可能性の高さを見出したのも大きいですが、「人と同じことをやりたくない！」という自分の性格によるところも大きいです。

私は航空自衛隊に入り、戦闘機パイロットになりましたが、入隊当初に希望していたのは救難機（ヘリコプター）に乗って人命救助をすることでした。

なぜなら、自衛隊の中で最も国民のために「目に見える」形で活躍しているのは、救難機だと思っていたからです。

災害派遣で物資を届け、人助けに直接貢献できるパイロットになりたかったのです。

入隊してから戦闘機の世界を学び、パイロットの学生時代における成績の面もあり、結果的には戦闘機パイロットの道に進みました。

とはいえ、いつか救難機に乗って人命救助がしたいと願い、機種転換希望もしていたので、もしそれが実現していたら、今でも自衛隊にいたかもしれません。

退職をする直前になって、私に救難機へ転換の話もありましたが、その話は丁重にお断りしました。

それというのも、不動産が持つ「個人の資産を拡充させる手段」以外の「国の発展」「社会貢献」といった魅力に気づいたからです。

国の平和維持を考えると、アメリカのように軍事力で対処する方法が第一に挙げられます。ですが、ご存知のとおり日本にとってそれは現実的ではありません。

そうなると、平和維持のためにすべきは「日本の良さを世界の人に知ってもらうこと」であると私は考えました。

仮に、中国人14億人の半数以上が日本に来た経験があり、「素晴らしい国だ！」と感動してもらえたら、万が一のときにも安直に日本を攻撃するなど考えが及ばないはずです。

ですから、「おもてなし」を対日本人ではなく、対外国人までどんどん広げていけば、それが日本の平和につながるはずです。日本人の親切さ、思いやり精神、国民性は世界トップレベルのものです。日本は積極的にグローバル化していくべきです。

4　自宅を兼ねた旅館を新築

不動産投資の勉強を始めたのは33歳の時でしたが、すぐに物件を買うことはしませんでした。

もちろん、買いたいと思っていましたし、実際に買おうと行動はしました。ただ当時は、融資は出るものの、物件価格は高騰していて、かつ良い物件がなかなか見つからない時期でした。

セミナーに参加しても、利回り20、30％で物件を買った投資家が話をするわけですが、それは過去のことであって同じだけの利益は確保できません。

そのため、私はそうした投資家から物件を勧められても、20年、30年後にどうなっているのかを収支シミュレーションして「今は買うべきではない」と判断しました。

当時は、不動産投資をしたくてたまらないサラリーマンが大勢いたので、どんどん相場は上がっていく状況でした。しかし、これは需要と供給のバランスの問題なので、現在のように「欲しいけど買えない」という人が増えれば、相場は徐々に下がっていきます。

セミナーの講師たちは、需要が少なく供給が多い時代に始めたので有利な条件の物件を買えたわけです。

なので、投資手法のプロデュースはできますが、その手法には再現性がありません。それに気づいていたため、私は勧められた物件を買うことはしませんでした。

そんな私が、初めて取得した不動産投資物件は旅館です。

白岩さんから初めて旅館アパートの話を聞いたときは、こんな手法があるのかと驚きました。民泊については聞いたことがあったものの、闇民泊が横行していて問題視されていた過去の状況を知っていたため、自衛官という立場上「近寄りがたいな」と感じていました。

一時的な儲けのために、後からトラブルに巻き込まれるのを避けたかったのです。

白岩さんの話を聞いたときは、すべてを理解することはできませんでした。ただ、「すごそうだな！」という感覚はあったので、あとから本を読んで勉強をしました。

最初のうちは「旅館＝和風な旅館」をイメージして、資本力のある会社が経営するものだと思っていました。個人が小規模に行えるとはまったく知りませんでした。

しかし、まず実際の建物（旅館アパート）を拝見して驚き、さらに仕組みを知って

建築中の風景

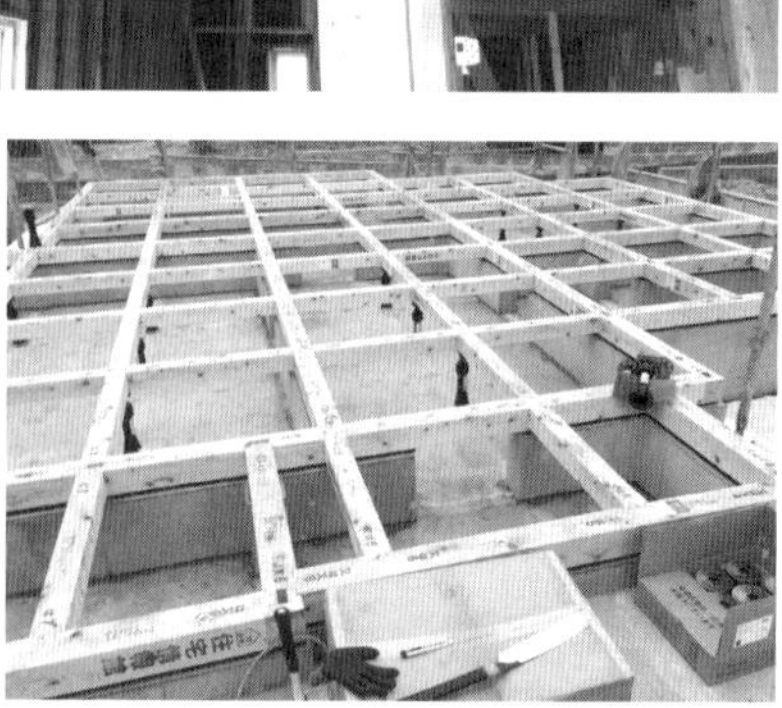

からは、すぐ「やってみよう」と思いました。白岩さんにメールをして、セミナーの翌週には会いに行きました。

そこから物件購入までは1カ月もかかっていません。

２０１８年10月に新宿の土地を見つけ、２０１９年1月から建築を開始しました。始めてゼロの更地状態から竣工までの新築工事の現場に立ち会い、たくさんの学びを得ました。

そして4カ月後、２０１９年の春には物件が完成しました。

当初の計画では、旅館の管理・運営は代行会社に依頼する予定でしたが、会社を立ち上げ自分で管理することにしました。新宿の好立地、インバウンド需要もみごとハマり、計画通りオープン初月から予約が殺到し、月40万円程度の収益を生み続けています。

この経験を活かし、現在は自分の物件を含めて約50棟を会社として管理・運営するに至りました。

完成後の私の旅館アパート

5 観光としての日本が持つポテンシャル

一度でも日本に来た外国人が満足すると、リピーターになる可能性は高いです。

実際、数年前に初めて団体旅行で訪日した中国人が、今では個人旅行で再びやって来ています。日本を舞台にしたドラマや漫画はアジアでも大人気で、作中で使われた場所を訪れる人たちも大勢います。

タイでは、日本を舞台にしたドラマがあり、その撮影場所が観光地ではなくても海外のファンは訪れます。

これは韓国ドラマを見て、日本人が韓国のロケ地巡りをするのと同じでしょう。

今はインスタグラムなどＳＮＳが発展しているので、アクセスが悪い場所であってもハンデを感じさせないほど、外国人観光客を集めることができています。

外国人からすれば、日本はバスや鉄道などの交通インフラが非常に発達していますし、道路も整備されているためレンタカーでの移動もしやすいです。

つまり、「日本全国どこでもターゲットになりうる」ということです。

治安・インフラ・ホスピタリティなど、人間が生活するうえでの環境がこれほど整っている国はそうありません。


例えば治安の話をすると、海外では多くの場合、田舎に行けば行くほど治安が悪くなる傾向にあります。

しかし日本の場合は、閉鎖的な場所もあるかもしれませんが、基本的に田舎に行けば行くほど治安が良くなります。

日本でも相対的な貧困層は多くいますが、それでも住む家がないホームレス状態の人の数は、他国と比べると圧倒的に少ないです。これは高度経済成長を支えた人たちのおかげで、社会保障制度ができあがったことが大きいでしょう。


話が少し逸れましたが、世界的にも日本人のポテンシャルは高いといえます。

海外に行って「日本人だ」と言って、それだけでネガティブな印象を抱く人は少ないと思います。

実際、私は戦闘機パイロット時代にアメリカ人と仕事をする機会が多々ありましたが、彼らは「日本人は信じられる。真面目でおもてなしがしっかりしていて、人を裏切らない」と言うのです。


日本人の評判の良さはアメリカに限った話ではありません。

日本はＯＤＡ（政府資金で行われる、開発途上国などに対する援助・協力）に力を入れており、提供した物には「日本が協力した」という趣旨の記述があります。

そのため、途上国に行ったときも「日本から来ました」と伝えると歓迎されるのです。しかも日本から距離が離れた国だと、頻繁に行く機会がないので、若い人が行くと余計に可愛がってもらえます。

学生も途上国を訪れると、より日本人の価値に気づくはずです。


こうした背景があるからこそ、インバウンドとビジネスをつなげて考えてみると、日本は非常に発展の余地があるといえるわけです。

訪日する外国人のなかには、日本の文化を楽しみにやって来ている人がたくさんいます。渋谷や新宿、秋葉原などの都市はもちろん、郊外の神社や仏閣も人気です。高尾山や箱根の自然を味わうために訪日する人も多くいます。

つまり、訪日外国人旅行者は、日本人以上に日本を楽しもうとしているのです。

6 変わりゆく訪日外国人観光客の嗜好

残念なことに、現代の日本人は自国の文化をそもそも知らなかったりします。「文化遺産」と聞けば、「大事にしよう！」と思うものの、本当の意味で力を入れる人はごく少数です。

著作「新・観光立国論」（東洋経済新報社）が有名なイギリス出身で、元ゴールドマンサックスの伝説のアナリストであるデービッド・アトキンソン氏は、日本の文化財を守るための会社を経営しています。

そのアトキンソン氏も発言していることですが、日本は「文化」に対するお金が十分に行き渡っていない現実があります。

保存するための最低限のお金は出していますが、日本の文化遺産の価値を考えるなら、もっと積極的に世界に向けて発信していくべきですし、そのための予算も充当すべきです。

すでに日本の文化に関心を持つ外国人はたくさん存在し、浅草に行けば着物を着た外国人に会うことができます。熊野古道のように日本人がなかなか足を運ばない場所でもたくさんの外国人が歩いています。

今でこそ、ようやく国策という形でインバウンドに目を向けられていますが、もともと然るべき投資がされてこなかった分野なので、伸び代はかなりあるでしょう。

京都では、「外国人が増えれば増えるほど日本人が減る」と嘆いていますが、これは日本人が外国人を受け入れる心構えができていないからではないでしょうか。

例えば同じテーブルに外国人がいて一緒に食事をするだけでも、席を離れたがる日本人がたくさんいます。普通に座ってフランクに喋れる人は少数派だと思います。

同じ訪日外国人旅行者という枠でも、団体ツアー客なのか個人旅行客なのかで、民度や接しやすさはずいぶん違うように感じます。

それは場所によっても差があります。海以外に特別な観光スポットはなく、自然の魅力に溢れた沖縄県の慶良間諸島などは非常にニッチな場所にあります。そこへ訪れる外国人の民度はかなり高いといえるでしょう。

ちなみに、もともと沖縄県の座間味はダイビングの島で、欧米人が数多く訪れていました。

そのためインバウンドブームの前から英語が使えるショップがあり、外国人御用達になっていましたが、今では島全域に外国人が訪れています。

なぜなら「ミシュラン・グリーンガイド・ジャポン」で、西表島、竹富島、石垣島と並び二つ星を獲得して一躍注目を集める島となったからです。

今では島民たちも外国人慣れしています。もともと沖縄は米軍が駐留していたこともあり、外国人慣れをしている背景もあるのでしょう。

アメリカ人も沖縄が大好きです。

それが日本全国の地域でもいずれ起こるであろうと想像します。

7 治安の良さは最大のメリット

東京を例に出すと、スカイツリー周辺では外国人が当たり前のように街に溶け込んでいます。地元の中年男性で賑わっていそうな老舗の焼き鳥屋に、ベビーカーが入っていて、ペットがいて、さらには外国人が乾杯している風景を目にすることがあります。これは治安の良い日本だからこそあり得る話でしょう。

日本国内では治安があまり良くないイメージの「新宿歌舞伎町」も同様です。外国人向けの観光ガイドブックには、「夜でもベビーを連れて歩いても安全だ」という趣旨が書かれてあります。

日本人向けの観光ガイドブックには「夜は危険なので外出しないように」「女性の１人歩きは危険」と、多かれ少なかれ注意喚起が入っているのですが、その真逆の内容が書かれているのです。

たしかに歌舞伎町に行くと、有名な観光地である「ロボットレストラン」周辺は、昔と比べてかなり健全な場所になっています。さらに大久保方面に向かえば韓国はもちろん、近年はインドやベトナム、バングラディッシュなど多国籍街に変貌しています。

そうした現象が今後は他の街でも起こりはじめたら、風土や民度は「あっ！」という間に変わるでしょう。日本を象徴する治安の良さも維持できる可能性は低いです。

しかし日本が主導を取って、日本のやり方で外国人が喜ぶスタイルを取れば、健全な形で発展することができるはずです。だからこそ、受け入れる体制を進んで取るべきだと思っています。

京都については、今は東寺側、普通の住宅街だった場所に簡易宿所が乱立し、外国人が多数訪れています。トリップアドバイザーの人気観光スポットの1位は伏見稲荷なので、そのあたりも大変混雑しています。

外国人に特徴的なのは、「並ぶ」ことです。

もしかしたらガイドブックに「日本人は並ぶのが好き」と書かれているのかもしれませんが、バス停でもドン・キホーテでも、ダイコクドラッグでも、とにかく並びます。これは良い側面といえるでしょう。

一方、悪い側面でいえば、中国人はモノだけでなく日本の土地や水を買っていきます。中国には富裕層と呼ばれる人たちが約1億人います。日本の人口と同じくらいの多さです。そのなかの一部はお金を溢れるほど所有している層です。

東京の不動産は、ニューヨーク・パリ・ロンドンなど先進国の主要な都市と比較すると、圧倒的に安価です。

これがさらに加速すると中国人が主導を握ることになるので、ある意味そのエリアは日本ではなくなります。

地元の商店街であっても、そこを充実させて日本人の手から離さないようにしないと、いつの間にかお金を持っている外国人が買い取り、彼らのものになってしまいます。

ですから、私は「日本の財産は日本人で守る！」という意識が必要だと考えますし、それがあったうえでの観光施策だと思います。

外国人に日本の不動産や水産資源を買われて、日本が日本でなくなることだけは絶対に避けなければなりません。

これは株も同様ですが、うまく需要を喚起できれば日本はもっと潤うことができるはずです。日本のポテンシャルを上手く利用して国益にしていくべきです。

【コラム１】インバウンドビジネス・・・旅館業の基本

このコラムでは、私が行っているインバウンドビジネスについて簡単に紹介します。私は訪日外国人客の皆様に宿として、「旅館アパート」を提供することをビジネスの一つとしています。旅館アパートとは、共にビジネスを進める白岩さんの造語で「旅館業の許可を取得したアパート」を指します。

ここ数年、「ヤミ民泊」「違法民泊」などマンションの一室を無許可で宿として利用していることが問題視されていました。対して旅館アパートは、旅館業の許可を得て合法でアパートを旅館に転用したり新築したりしています。

その背景には旅館業法の緩和があります。もともと1人に必要な面積が33平米という縛りがあったのが、今では3・3平米と10分の1になっています。加えて、訪日外国人客の数は年々増えており、国策としても２０３０年には訪日外国人客を６０００

万人まで増やすことを目標としています。

そして何より、私は、もっともっと日本を旅行しやすい国にして、訪日外国人客をどんどん受け入れることで、日本という国の素晴らしさ、更には日本人の素晴らしさを世界中の多くの方々に知ってもらうことが国の平和に繋がると考えています。だからこそ、旅館アパートは多角的なニーズにマッチしているといえます。

■4種類の旅館業

国で定められた旅館業には次の4種類があります。原則として旅館業の法令がありますが、詳細な適用条件については、各行政がルールを定めており、保健所・消防署の検査を受けて営業許可を取得します。

・ホテル営業　洋式の構造及び設備を主とする施設を設けてする営業。
・旅館営業　和式の構造及び設備を主とする施設を設けてする営業。いわゆる駅前旅館、温泉旅館、観光旅館の他、割烹旅館が含まれる。
・簡易宿所営業　宿泊する場所を多数人で共用する構造及び設備を設けてする営業。

民宿、ペンション、ロッジ、山小屋、ユースホステルの他カプセルホテルが該当。

・下宿営業　１月以上の期間を単位として宿泊させる営業。

旅館業は民泊に比べて、手間とコストがかかる印象がありますが、民泊新法の内容からいえば、旅館業の方が許可は得やすいです。

■２０１９年に緩和された「旅館業」

昨年、建築基準法が改正されました。改正案のうち旅館業の許可申請に影響する部分をご紹介します。

まず延べ面積２００平米未満なら、木造３階建ての簡易宿所を認める規制緩和です。過去の建築基準法では、宿泊施設（ホテル、旅館、簡易宿所）を３階以上の階に設置する場合は、建物を通常よりも高い防火性能を有する「耐火建築物」とする必要がありました。

しかし、東京都など地価が高い都心では、木造３階建ての「耐火建築物ではない戸建住宅」が非常に多く存在します。これまでは、こうした既存の戸建ては許可がとりにくい物件でした。

また、確認申請が必要な用途変更の規模が、100平米から200平米に規制緩和されました。用途変更の手続きである「建築確認申請」は調査・図面作成をする建築士や、検査をする指定検査機関等の関与が必要となり、多大な手間とコストがかかります。

そのため、100平米を超える建物での旅館業許可取得は難しかったのですが、この規制緩和措置のおかげで200平米までが可能となりました。

■むしろ規制の厳しい「民泊新法」

ご存じない方のために民泊についても解説しましょう。

民泊は戸建てやアパート・マンションなどの共同住宅の一部を旅行者に宿泊先として提供するサービスとして誕生しました。

「Airbnb」を代表とする空き室を貸したい人と旅行者をマッチングするインターネット上のプラットホームの存在により、世界各国に広まりました。日本でも2014年頃より、都市部や観光地を中心に展開されています。

法整備がなされず闇民泊が横行して社会問題とまでなった民泊ですが、２０１８年6月15日に民泊新法が施行され、届出のない民泊は「Airbnb」をはじめとしたマッチングサイトへの掲載はできなくなりました。

これにより民泊を合法で行う際には、前述したように旅館業として許可を取得するか、大阪府や東京都大田区等の特区民泊を活用する、民泊新法の届出を行うことが義務付けられました。整理すると以下のようになります。

・特区民泊

「特区民泊」とは、国家戦略特別区域法に基づく旅館業法の特例制度を活用した民泊です。

特区民泊の正式名称は「国家戦略特別区域外国人滞在施設経営事業」ですが、特区（特別区）における民泊事業として「特区民泊」と呼ばれています。

特区民泊ができるのは国家戦略特別区の一部に限られますが、合法的な民泊事業運営方法の一つとして注目を集めています。

・民泊新法

住宅宿泊事業法は、急速に増加する民泊について、安全面・衛生面の確保がなされていないこと、騒音やゴミ出しなどによる近隣トラブルが社会問題となっていること、観光旅客の宿泊ニーズが多様化していることなどに対応するため、一定のルールを定め、健全な民泊サービスの普及を図るものとして、新たに制定された法律で、2017年6月に成立、2018年6月施行しました。

住宅宿泊事業法案では、住宅宿泊事業者の届出制度と住宅宿泊仲介業および住宅宿泊管理業者の登録制度を創設します。

住宅宿泊事業者というのは、「住宅を貸し出して民泊を運営したい」民泊ホストのことで、都道府県知事に届出を提出して民泊サービスを提供できるようになります。ただし、1年間で提供できる日数の上限は「180日（泊）」で、住宅宿泊事業者には衛生確保措置、騒音防止のための説明、苦情への対応、宿泊者名簿の作成・備付け、標識の掲示といった民泊運営のための適正な措置を行うことが義務付けられます。

また、「Airbnb」をはじめとした民泊ホストとゲストをマッチングする仲介サービス（住宅宿泊仲介業）と民泊運営を代行している業者（住宅宿泊管理業者）は登録制となり、住宅宿泊仲介業は観光庁長官に、住宅宿泊管理業者は国土交通大臣にそれぞれ登録することになります。

そもそも今できる民泊として、特区民泊は大阪限定と言っても良いでしょう。というのも大田区の特区民泊は非常に使いにくく、ビジネスには向かないからです。

国としては、インバウンド市場を広げて、どんどん海外から観光客を誘致したいという思惑があって民泊を推進しているのですが、自治体は推進するどころかシャットアウトをする動きを見せています。

というのも民泊がある近隣住民たちは、何かトラブルが起これば市役所・区役所・保健所・警察署といった最寄りの公的な機関に訴えます。観光庁や厚生労働省といった、本来であれば担当する国の機関には報告がされないため、政府と各自治体で見解が大きく乖離しているのが実情です。

その結果、民泊のルールをどう制定するのかではなくて、どう排除するかの方向へ流れていくのです。法的な手続きをクリアしている旅館業ですら、地域の方々の反発に合うことは頻繁にあります。

結局のところ民泊新法とは、民泊を解禁する法律ではなく、規制する法律になっているのが特徴です。国の思惑とは外れて、民泊新法でビジネスを行うのは難易度が高いものとなりました。

第5章

卵を一つの籠に盛ってはいけない！

～資産を「守る」500万円分散投資のススメ～

第5章では具体的にどのような投資を進めたらいいのかの提案です。

私は不動産投資をお勧めしていますが、不動産投資であれば何でもいいわけではありません。事実いくつかの投資手法で失敗者が続出しています。

そこで、失敗投資のリカバリーとしても最適な、500万円で行う旅館ビジネスをご紹介しましょう。

1 新築ワンルーム投資で失敗する背景

副業の必要性がいわれるなかで、不動産投資に関心を持つ人は増えています。自ら動き出す人が増えているのは良いことですが、同時に失敗する人も増えている現状です。

その代表的なものといえば、前述した2018年に起きた新築シェアハウス「かぼちゃの馬車事件」でしょう。

明らかに高額な新築シェアハウスを不当に高い賃料設定にして、サブリースといって一棟を借り上げたのです。家賃保証するオーナーにとっては安心できるような仕組みを謳い文句にして、サラリーマン・公務員・医師・士業という硬い職業の方々に販売しました。

本来の不動産投資であれば少しくらい利益率が低くても、きちんと稼働さえしていれば、そこまでひどい事態にはなりません。しかし、この「かぼちゃの馬車」は設定された賃料が相場よりも2万円ほど高いため、よほどの好立地でもない限り、ほとんどが空室でした。

サブリースを行っていた運営会社のスマートデイズはシェアハウスを稼働させることができず、新しいシェアハウスを建てて、その利益でサブリース賃料を支払う・・・いわば自転車操業状態だったのです。

その結果、スマートデイズは破綻します。決められた賃料が入らなくなっても銀行ローンの返済は続きますから、多くの投資家が困窮しました。

現在は主な貸付先の銀行による救済措置がとられていますが、銀行が犯した不正の発覚もあり社会問題にまで発展したのです。

今では、不動産投資における融資姿勢が厳しくなり、規模が大きい一棟物件をしっかり賃貸ニーズのある場所で買おうとするなら、年収3000万円、資産5000万円以上なければ融資を受けるのは難しいのが現状です。

くわえて1億円を超える投資で失敗者が続出したこともあり、大きなお金の動く投資は怖い、払い切れない借金はしたくない心理もあります。

その結果、「買いやすい」「初心者でも融資を受けやすい」という理由から、新築ワンルームマンションを買う人が増えました。

2 なぜ新築ワンルームを買ってはいけないのか

新築ワンルームの問題点はいくつもありますが、まずは圧倒的に値段が高いことが挙げられるでしょう。

都内の好立地であるケースが多いですが、その代わりに土地値も建築費も高く、業者の利益もしっかり乗せられています。

さらに家賃も相場より高く設定されています。新築に住みたいニーズがあるため、新築時に限り高い家賃設定ができるのです。

これは「新築プレミアム」と呼ばれていますが、一度でも入居がつけば家賃は下がります。どれだけ築浅であっても中古物件になってしまうからです。

もちろん、都心の好立地にあるマンションなどは、購入したときよりも値上がりする可能性が絶対にないとは言い切れませんが、その多くは買った瞬間に価値が下がります。

つまり、買った瞬間に損をするのです。

月々の賃料収入から管理費・修繕積立金や固定資産税・都市計画税といった最低限の支払いを差し引いて、良くて1万円程度のプラスにしかなりません。

悪ければ1万円程度のマイナスといった、そもそも何のために投資をしているのかわからない収支であることが多いのです。

よく、「ローン返済が終われば資産になる」と説明されていますが、仮にローンを完済するまで数十年持ち続けても、そのときには部屋がボロボロになっており資産性は著しく下落していることでしょう。

その他にも「節税になる」のもセールスポイントですが、これは不動産投資でのマイナスが、本業の給与収入と通算できるために節税効果がある内容です。

1年目は取得費用や登記費用が発生するため、その分が赤字となり、所得税が戻ってくる仕組みですが、2年目以降は1年目で発生するコストはかからないので、そこまで赤字が出せません。つまり節税はできないのです。

むしろ2年目以降も大幅な節税ができるのであれば、それこそ大きな赤字を垂れ流しているわけで、失敗投資に他なりません。

したがって新築マンション投資のスキームは、例えば2000万円の物件を買ったとして、5年後に2200万円程度で売れるくらいでないと、赤字で終わってしまうのです。

3 新築マンションはゼロサムゲーム

そもそも新築マンション投資では、一棟マンションの一部屋を購入するため、入居がつくかつかないかの「0か100」の投資です。

入居があればいいですが、入らなければ収入は0となり、ローン返済・管理費・修繕積立金などすべてが自身の資金から持ち出しとなります。

管理に関していうと、マイホームの管理組合の場合、住民たちが問題意識を持って取り組みますが、投資用物件の管理組合はほぼ機能していません。

そのため、第3者管理方式といって、組合員が不動産業者に任せる仕組みが存在します。

しかし、この仕組みの裏では、デベロッパー（販売会社）と管理組合を引き継ぐ管理会社がつながっています。

そのため第3者管理方式だと、例えば「最初の年は管理費が1000円、修繕費3000円」という具合に安価な設定になっているのですが、物件所有者の意見の一致を得る必要がないため、「来年からは管理費5000円、修繕積立費6000円」「5年後にはそれぞれ倍に」ということができてしまうのです。

ワンルームマンションは、他の不動産投資商品と比較しても歴史が長く、バブル期から存在します。そのため、業者がうまく利益を吸い上げる仕組みが整っているのです。しかもそうした仕組みは法的なギリギリのところを攻めていくので、いつの間にか搾取されている被害者も数多くいることでしょう。

ちなみに長い目で見れば、バブル直後に新築ワンルームを買った人たちは、意外に資金が回収できています。これは法改正によって、売却損の場合に税金負担が軽減された時代があったからです。

また、２００３年前後に買って、２０１５年前後に売った人たちも売却益で儲けられた可能性が高いです。

いずれにせよ、キャピタルゲインが得られないのであれば、単なる「０か１００」のビジネスモデルであり、長期戦をしたところで儲かるわけでもないのが新築ワンルーム投資の実態なのです。

4　多くの公務員がカモになっている現実

私のもとへ相談に来られた地方公務員で、３年前ほどに２０００～３０００万円程度のワンルームマンションを４戸（計１億円）購入してしまった人がいます。

しかし今売ろうとしても、買ったときの価格の半額しか値がつかないのです。そのまま売ると残債を割ってしまうので、1戸につき500万円以上の持ち出しが発生します。

できることといえば、なるべく買ったときと近い値段で売り、少しでもダメージを減らすくらいです。つまり損切りのダメージを軽くするのです。

また、知り合いでワンルームマンションを8戸所有している人もいます。毎月約10万円の持ち出しが発生しているのにもかかわらず、「将来は自分のものになるから！」と信じています。

完済するのは70歳を過ぎたころで、はたしてそれまで持ち続けることができるか疑問ですし、そのときに物件の資産性がどれほどまで下落しているのかを想像すると恐ろしくなります。

新築ワンルームのさらなる問題点として、昔は20年、長くても30年の融資でしたが、今は40年という長期ローンも存在します。30歳で購入したとしても、完済するのは70歳です。どう考えても関わってはいけない投資といえるでしょう。

しかも新築ワンルーム投資で厄介なのは、問題が表面化するのは5～10年後です。そのタイミングで大きな修繕が発生すれば、さらに収益性を圧迫します。

そうした事情を知らないまま、1年目に節税ができて喜んでしまい、業者から追加の提案を受けて、さらに2、3戸まとめて購入してしまう人も結構います。

このとき、業者はその人の与信枠いっぱいまで使わせようとします。これ以上の融資は引き出せない限界まで買わせるのです。

しかし、そうした投資をした人が数年後に迎えるのは、「売ろうと思ったときに売れない」「持ち出しが増える」「キャッシュがない」という悲惨な末路です。

収益率でいうと、数年前よりも建築費が高騰しているので、そのぶん新築のキャッシュフローは出にくくなっています。数年前までは30年ローンを組めば数千円のキャッシュフローが出ていましたが、今は40年で五分五分のキャッシュフローです。

それだけ長く借りていると、なかなか残債は減りません。

区分投資の考え方としては、たとえ持ち出しが発生しても残債がテンポよく減っていき、売ったときに残債以上のお金が入るのであれば、そのときに利益確定ができます。

そうした投資の場合で重要なのは、利回りよりも稼働率や修繕費です。利回りが低くても稼働率が高く、修繕がほぼ発生しない物件であれば、残債がどんどん減っていき、「価値」は残ります。いわゆる「利益が薄くてもお金がかからなければいい」という手法です。

このような考え方であれば、区分投資も立派な選択肢の一つです。

例えば、毎月の持ち出しが月1万円ある場合なら、年間で12万円、40年間で500万円の持ち出しになります。しかも、購入当時で1万円なら、家賃の下落や修繕積立金の上昇を考えると、その倍以上になることも十分にあり得ます。

そうなると、40年間で1000万円、2000万円の持ち出しになったとして、40年後に売却してそれだけの元を取り戻せるでしょうか。

そもそも区分は家賃が少ない分、リフォーム費のダメージが大きくなります。

たとえ中古区分を現金で購入して、家賃が月6万円、年間72万円だとしても、トラブルがあって修繕すると、あっという間に吹き飛んでしまいます。また、古い物件だと建物が荒れて入居者の質も悪くなりがちです。

ですから、たとえ利回りが高くても大儲けにならないケースは多々あるのです。

今後、そうした見かけ上の高利回り物件を買って、結局は維持するのに手間もお金もかかるケースが増えていくことでしょう。

5 卵を一つの籠に盛ってはいけない

投資を行うにおいて忘れてはいけないことに、「卵を一つの籠に盛ってはいけない」が挙げられます。

卵を一つのカゴに盛って、そのカゴを落としたら、全ての卵が割れてしまう可能性が高いでしょう。

しかし、卵を複数のカゴに分けて盛っておけば、そのうちの一つを落として卵が割れても、他のカゴの卵は影響を受けずに済みます。

これが分散投資の考え方の基本です。

前述したワンルームマンションは基本的に1戸ずつ買うため、空室が発生したら収入が0になります。

しかし10戸ある一棟マンションであれば、1戸空室が発生しても、残りの9戸の収入はあるわけです。

空室の予測はできないものですが、それでも10戸がまとめて退去する可能性は低いですから、ワンルームマンションを1戸購入するよりは、1棟10戸あるマンションを購入するほうがリスクヘッジになります。

ただし、この一棟マンションが大学のそばにある学生向けマンションだったとします。例えば新築で購入して10年間所有したとします。すると、その間に近隣の地主が相続税対策のため、大量のライバル物件を建ててしまうこともあるでしょう。

新築物件の出現で家賃の値下げを迫られたり、なかなか空室が埋まりにくくなる確率も高くなります。

また、もっといえば大学が移転する可能性もあるのです。そう考えると一棟マンションは、戸数という点においてはリスクヘッジになりますが、一つの場所、物件の建つエリアのニーズに頼らないといけないため、これもまたリスクが高く感じます。

つまり理想を言えば、ある程度の母数を持ったうえで、投資エリアもいくつか散らしている状態が良いでしょう。

そこで私は究極の分散投資として、５００万円の旅館投資をお勧めしています。

６　500万円から始める旅館投資

皆さんなら５００万円の資金があったとして、どんな投資を行いますか？

絶対にやめたほうがいいのは新築ワンルームを買うことですが、じつは築古戸建て投資もお勧めしていません。

築古戸建ては高利回り物件が多いですが、この投資手法で成功している人はかなり優秀な投資家です。

物件選定の目があり、リフォームの知識が豊富でなければ難しく、誰もが片手間にできるような投資手法ではありません。

区分マンションの場合は大規模修繕などの履歴が残っていますが、戸建ての場合ですと大半は修繕履歴が残っていません。

そのため、購入後に多額のリフォーム費用がかかるという"地雷"が爆発するリスクがあるのです。

それを解決する時間がある、もしくはお金がある人ならいいかもしれませんが、普通の人にはハードルが高いといえます。

それに加えて区分マンションは中古マーケットが整っているため、「相場で売る」のであれば、売却は難しくありません。

一方、中古戸建てはそこまでのマーケットがないので、利便性の高い好立地や土地値が高くなければ売却は難しいです。だからこそ選定眼が重視されます。

もちろん、うまくいけば実需層に高値で売れたりするものの、マイナスの振れ幅も大きいのです。

最近は築古の戸建てを買ってＤＩＹをして、キャピタルゲインを狙う投資家が増えており、実際に成功している人もたくさんいます。

しかし、一部の好立地だから儲かるのであって、郊外の大きな戸建ては厳しいです。

私がもし戸建て投資をするなら、外国人が好むスタイルにして横須賀や沖縄にある米軍基地の近くを狙うと思います。

彼らは、日本人だと10万円くらい出す物件に対して3倍近くの値段を惜しみなく出します。外国人が喜ぶベッドを入れたり、駐車場を付けるのがいいでしょう。

もし利回り20％、30％で運用できるなら、５年で考えても十分に利益が出ますし、出口も見据えやすいといえます。

ただ、この投資は５００万円ではできません。


ほとんどの儲かる投資は、資本力がなければ実現できません。

だからといって諦める必要はなく、初心者の方はできるところから資産を築いていくのが王道です。そういう意味からしても、５００万円からはじめる旅館アパート投資はお勧めといえます。

では、５００万円ではじめられる旅館投資とは一体どんな投資なのでしょうか。

これは、「１人で一棟物件を買うのが難しいのなら、複数の投資家が５００万円ずつ投資して購入する」という手法です。

一棟のうち1室を所有するのではなく、共有名義で所有権を持ち、人数分で割った分が収入として得られるイメージです。

ポイントは利益が確定利回りで、その物件の稼働率が良くても悪くても変動はありません。


購入した物件の収入から支払われるのではなく、運営する物件すべての利益からの支払いになりますので、むしろ「配当金」と呼んだほうがしっくりくるかもしれません。

つまり、個々の物件ごとに収益を見るのではなく、トータルの収益で分配することができるのです。自分が投資した物件で空室が出て収益率が下がったとしても、他の物件で補填することができるのです。

これは複数の物件を運営しているからこそ、実現できる仕組みです。

7 建築～運営、ワンストップが肝となる

戸建ては難しいと述べましたが、旅館アパートなら何でもいいわけではありません。やはり立地選定にはかなりこだわる必要がありますし、オペレーションやレート設定も簡単ではありません。

普通の賃貸物件のように、一度家賃を決めたら基本は動かさなくてもいいわけではなく、日によって値付けを変えるなどの工夫が求められます。

ですから、旅館業には運営のプロが欠かせません。

プロといっても、コンサルタントを名乗る新参業者には悪徳なところも多いので、運営実績がきちんとあり、データも蓄積されている運営会社が条件となります。

旅館経営の場合、基本は住居の転用ではあるものの、清掃のレベルや運営の質はアパート経営と根本的に異なります。なお、私の会社は実績・経験に基づいてしっかり

と展開しています。

旅館経営における立地は、賃貸物件とは異なる視点で選ぶ必要があります。

日本にはポテンシャルの高い観光地がたくさんありますが、現在私は、東京を中心とし、京都にも旅館を展開しています。

【コラム2】実践！　空室対策ノウハウ

第5章では新築ワンルームマンションの失敗について取り上げました。

新築マンションでは建物一棟のうちの1室を貸し出しますが、一棟アパート・マンションでは一棟丸ごとを貸し出します。どちらにしても、空室に悩むオーナーは多いのではないでしょうか。


一つしか所有していないマンションの空室も困りますが、複数ある空室もまた困った状況に違いありません。

ここでは満室管理アドバイザー・穴澤康弘氏による実践的な空室対策ノウハウをお伝えしましょう。

今はまだ入居があるけれど、今後に懸念がある方はもちろん、長く続く空室にお悩みの方にも、すぐに役に立つ内容です。

■なぜ空室なのか

まずは「なぜ空室が続いているのか」の理由を考えてみましょう。
とくにマイナス要素があれば、それをチェックします。

□築年数が35年以上経過している
□洗濯機置場が室外にある
□室内に和室がある
□設備が古い（耐久年数がだいぶ経過しているものが多くある）
□お風呂場がユニットタイプではなく、浴槽を設置するタイプのものを使用している
□部屋の中が昼間でも薄暗い
□臭いがある（カビが混ざった独特の臭い、配管の臭い）
□インターホンがない
□駐車場・自転車置き場がない

□徒歩3分圏内にコンビニエンスストア・ドラックストアがない
□最寄りの駅まで15分以上ある
□室内の壁がクロスではなく砂壁もしくは塗り壁
□客付け会社が昔からの付き合い1社のみで任せきり
□広告料は、礼金のみで他には出していない
□鍵を物件に設置しておらず不動産会社に預けている
□賃料や敷金礼金の見直し提案をされたが応じていない
□空室期間が半年以上の空いているお部屋がある
□空室であることに対してあまり気にしていない

■募集対象を広げる

空室の原因を見つけて改善を行うのも重要ですが、空室対策の要ともいえるのが、募集対象や募集条件をしっかり設定することです。

とくに築年数が理由で改善が難しい場合や駅から遠いなどのハンデがある場合、募集対象の間口を広げることを検討します。

・ペット
・外国籍
・水商売・フリーターなど
・高齢者
・生活保護受給者
・ワンルームに複数人入居
・事務所利用

簡単に言えば、他のオーナーが「不可」としている条件を「可」にすることです。とくにペット可物件は供給数が少なく、別途他の入居者の承諾が必要になりますがとても効果的です。

高齢者に対しても断るオーナーが多いですが、「孤独死保険」もありますし、「外国籍」「生活保護受給者」であっても加入できる家賃保証会社もあり、リスクヘッジをすることができます。

■賃料は適正なのか

募集条件を決定する上でもっとも大切なのは賃料です。ここでは、どのように賃料や募集条件を決めればいいのか、その手順をお伝えします。

・近隣のライバル物件を調査
・客付け会社にヒアリング
・部屋の競争力を数値化する
・賃料／共益費の配分を決める
・管理会社に確認

最後に、他の物件と差をつけやすいポイントとして、「初期費用のかからない物件」に人気が集まっています。

むやみに安くすればいいものではありませんが、入居者にとって金銭的負担が少ないほど選ばれやすくなりますので、以下を参考にしてお得な募集条件を設定してみましょう。

・敷金・礼金ゼロ
・仲介手数料ゼロ
・フリーレント（家賃無料期間の設定）
・期間限定キャンペーン
・火災保険料の無料

敷金を無料にすることに抵抗を感じるかもしれませんが、最近は退去時清掃代金という名目で、敷金の代わりに別途初期費用で受領しますので清掃代が払われないなどの事態にはなりません。

また、保証会社や契約書の特約にも清掃代に関しての差額分は借主負担とするなどといった条文を追記するのも一般的になっています（原状回復については紛争防止条例のガイドラインに沿ったものです）。

■広く募集する

物件を見直し、募集条件の見直しを行ったら、最後は募集の仕方です。基本的には管理会社におまかせすることになりますから、オーナーとしてできるのは「しっかり周知されているか」の確認です。

管理会社に丸投げした結果、きちんと周知されていないケースもありがちなので、必ずチェックしてください。

もしかしたら広告掲載不可といって客付け業者に募集させていないかもしれません（管理会社が把握できなくなることを警戒しての判断）。

まず「物件名＋地域」というキーワードで検索します。そして、検索上位に表示されたポータルサイトで自身の物件が掲載されているか確認しましょう。その際に掲載内容に相違がないかまで見ることが大切です。

主なポータルサイトには以下があります。

・スーモ　https://suumo.jp/kanto/
・ホームズ　https://www.homes.co.jp/
・アットホーム　https://www.athome.co.jp
・いい部屋ネット　http://www.eheya.net/

最近ではキャッシュバックを売りにしているポータルサイト「スモッカ」（https://smocca.jp/）も人気を集めています。

また、検索上位のサイトに掲載がされていない場合は、管理会社に連絡をして掲載をお願いしましょう。

注意点として広告掲載には思った以上の費用がかかります。

ですから、お願いする上で最も意識して欲しいのは、ただ掲載して欲しいというのではなく、向こうから物件を周知させたいと思わせるようなメリットのある物件にするということです。うまくいくケースとして代表的な方法は広告費の積み増しが一番効果的です。

掲載時の注意点では、写真映えが重要です。「インスタ映え」ではないですが、今はインターネット検索で、「この物件に住みたい」とピンポイントで指定されるお客様も多いです。

物件の写真をチェックして映りが良くなければ、撮り直しを依頼しましょう。

なお、より詳しい空室対策を学びたい方は、『空室を許さない！「満室」管理の「王道」』穴澤康弘／著（ごま書房新社）をご覧ください。

第6章

人生を左右する
これからの「お金」との付き合い方

〜インバウンド投資家対談〜

○対談者pulofile

・著者：前川 宗

インバウンドを対象とした不動産ビジネス起業家。前職は、戦闘機パイロット界のスペシャリストとして全国の戦闘機部隊に対し、巡回教導訓練を主な任務として活躍する。

多くの学びより、インバウンドを対象とした不動産ビジネスに着目。自ら旅館アパートのオーナーとなり不動産投資を実践。確信を得たのちに会社を起業し、現在は100室以上の旅館経営をサポートしている。

・兼業大家・旅館経営アドバイザー：白岩 貢

60室の大家でありながら本業の傍ら不動産投資全般のアドバイザーとして、その時代に合ったアパートづくりを累計360棟サポートしている。現在は、東京を中心に日本のブランド立地で徹底して建物にこだわった「旅館アパート」を開始約2年で30棟以上（本書執筆時）展開中。著作に「アパート投資の王道」（ダイヤモンド社）、「親の家で金持ちになる方法」（アスペクト）、「家賃収入3倍増！“旅館アパート”投資術～365日宿泊可能な合法民泊～」「新版 新築アパート投資の原点」（共にごま書房新社）ほか、計15冊執筆。

お金に向き合うのは〝悪〟という思い込み

前川　日本人はお金に向き合うことに抵抗感があります。これはもう日本人の気質です。私の親や兄弟もそうですが、「お金」と聞くだけで一歩引いてしまうのです。

白岩　そうですね。私にはプロのラグビー選手とサッカー選手の知り合いがいます。彼らから聞いたのですが、日本人以外の選手は試合が終わると、みんなお金の話や投資の話ばかりしているそうです。

彼らにとっては現役を退いてから、どういう人生を送るのかが大事らしくて。でも日本では選手がそんな会話をしようものなら、監督から「そんなことは考えるな！　プレイだけに集中しろ！」と怒鳴られてしまう。これは元日本代表の選手が言っていました。

前川　私は最後に勤務したのが横田基地で、アメリカ人と一緒に仕事しましたが、彼らにとって投資は「やって当たり前」というマインドでした。それに比べて自衛官はとくにお金の話をしませんね。例えば長期的な株式投資程度であっても人前で話しません。

白岩　自分を磨くための「自己投資」というのもあるけれど、ほとんどの人が「投資＝お金」だと思い込んでいますね。ひふみ投信の藤野英人

さんが書かれた『投資家みたいに生きろ　将来の不安を打ち破る人生戦略』（ダイヤモンド社）に共感したのですが、自分が成長するためにお金を使うのも投資なんですよ。でも自己投資をして将来に向けて勉強していたとしても、「お金儲けを学んでいるな！」という目で見る人が多いんです。普通の人からすると「怪しい」と警戒されてしまいます。

前川　お金以外の目には見えない投資ですよね。私も過去を振り返ると、沖縄県の那覇基地勤務の頃は月一で東京に出てきて勉強会に足を運ぶなど、いわゆる自分に対する投資をした結果、今があるわけです。

“投資＝お金儲け”ではない

白岩　世の中にはたくさんの投資があります。きちんと回る投資があるし、ネットワークビジネスみたいに、自分は儲かるけれど相手を陥れる・・・そういう性質のものもあります。それは投資ではありません。目先の利益だけを考えて失敗する人も多いです。

前川　投資を考える際には割と長いスパンというか、自分の人生をどうしたいかということが関わってきます。投資を始めようというマインドは良いと思うのですが、それと投資するものの良し悪しとはまた別だと思います。

白岩 その通りです。ようは投資の是非と、どんな投資をするのかは全く別問題なんです。
絶対に儲からない投資商品を売っている確信犯のプロもいるわけですから。「知らないで騙されるのは勉強不足」と言ってしまえば簡単ですが、やっぱりプロ対アマチュアの試合だと負けるでしょうっていう。

前川 そこの部分を混同したあげく、投資で失敗した人を見て、「やっぱり投資は良くない」と断定するのは早計です。

白岩 まず前提として選定眼が必要ということです。情報はもう溢れかえっているわけだから、それを取捨選択しなくてはいけない。営業マンにマンツーマンで勧められたから買うとか、いい話ばかりだったから買うというのは大間違いです。

前川　少なくとも何のリスクもなく、寝ているだけで儲かるみたいな話なんて世の中にはないです。

白岩　詐欺罪って正式には親告罪ではないのですが、被害届を出してはじめて警察が動くという点において親告罪に似ているんです。今の振り込み詐欺は少し違いますが、本来の詐欺というものは警察がすぐ動いてくれない。被害届を出して何があったのか被害者が訴えないといけません。
たとえば、「X日までに必ず倍にするから」と嘘を言って、お金を預かっておきながら返さない場合だと、刑事事件では詐欺罪として問われますが、その場で逮捕はされません。くわえて、多くの人は自分が騙されたっていうことに対して認めたがらないものです。気が付いていて見て見ぬふりをしているケースもあれば、本当に気が付いてない場合もあります。

前川　そういうところはありますね。

白岩　詐欺は強盗と違って自分の意思でお金を払います。これがオレオレ詐欺との大きな違いでもあります。

「利回り60パーセント」だとか「1年で3倍になります」という話はよく聞きます。そんな荒唐無稽な話を聞いて「おかしい」と思えるか「おいしい」と思ってしまうかは、やはり勉強しているかどうか、知識があるかどうか。だから、やはり自己投資は大切という話なのです。そこの見る目がなければ、騙されてしまいます。

前川　たしかに、そうですね。勉強もそうです。私も不動産の勉強をしていたとき講師の話を聞いていると、今の時代に明らかに見合わない再現性のない投資を勧めているのです。10年前でないとできない投資手法なのに、それを知らない人は信じてしまって、講師の言う通りにやってしまう・・・その結果、失敗してしまいます。

詐欺とはいえないですが、学ばないと損をしてしまいます。なにもお金をかけることが自己投資ではなくて、時間を使って図書館で借りた本を読むのでもいいと思います。そうやって自ら学んでいかなければ、この情報過多の時代を生き抜いていけません。

白岩　その通りです。

前川　お金だけでなく時間だとか、目に見えないものに対する投資を、どれだけできるかが大事だと思います。

ビジネスも人生も〝焦り〟が失敗を生む

白岩 今、焦って失敗するケースっていうのも増えていて、新築の区分マンションを勢いで買って失敗している話も聞きます。「節税対策として、はじめましょう」と言われるのですが、そもそも投資をするのに節税というのはおかしな話です。投資をしてマイナスを生む時点で、それは投資ではありません。投資はリターンが得られるものですから。

前川 みんなが漠然とした将来の不安を抱えている中、その焦りにつけ込むやり方ですが、焦るほうとしての心理としては親身に話を聞いてくれる営業マンを信じ込んでしまう。そうして思考停止してしまうのです。

白岩　彼らは販売のプロですから。

前川　やはり被害を受けている公務員はかなり多いです。

白岩　社会に慣れていない純粋培養の人たちは、海千山千の営業マンにかないっこありません。だから勉強不足という話なんです。日本人は性善説で「人のことを疑うな」と教えられているわけです。だから知識がなければすぐつけ込まれてしま

います。

前川 基本的にはそうですね。

白岩 特に自衛官は正義感が強い人も多いでしょう。

前川 だから明らかに赤字のワンルームマンションを持っていて、赤字分を給与で補填しながら、それはいいことだと信じてやっている人もまだいます。要はローンを払い終わる何十年か後を信じているのです。

白岩 月々1万円を支払えば、所得税が還付されて、30年後にマンションが手に入るというのは、自分の未来を削っているような話です。30年後のマンションの資産価値は、30年間家賃が下がらず退去もないという前提の話です。そんなことはまずありえません。

前川　そういうものって思い込んでるわけです。

白岩　こうした状況に対して現実を直視すべきですし、「仕方ない」で済ますわけにはいきません。

失敗の〝その先〟にあるもの

前川　失敗のあとにどうやってリカバリーしたらいいのでしょうか。例えば本当にもう手に負えない失敗だったら自己破産を検討すべきでしょう。しかし、そこまでの被害ではなくて、月に数万円程度の赤字を給与で補填し続けている人はいます。

白岩　私は過去に株で失敗しています。当時、バブルの頃は5倍、10倍の信用取引をしていました。すると株価が動いたときに、一瞬で追証が出てくるわけです。まさに一撃アウトです。

ところが不動産投資の失敗は即死ではなくジワジワとくるのです。マイナス分をサラリーで埋め続けて、それがだんだん苦しくなってカードキャッシングや消費者ローンに手を出して最後は破綻していく・・・。そこまでに何年もかかります。

まさに一撃アウトだった私の株式投資とは正反対です。

その理由は、やはり不動産投資を行う人は真面目で属性がいいからです。だから本当に倒れるところまで必死でお金を返すわけです。

前川　そう考えると、一棟投資に比べてワンルーム投資のほうがより時間がかかりますね。

白岩　そうですね。よっぽど何戸も買っていなければ、数万円程度の赤字で致命傷にはなりません。ただし、これが3戸以上所有していて、かつ家賃保証されているマンションであれば、今後は楽観視できません。

前川　3戸持っている人のすべてが空室となって、ローン全額が持ち出しになれば、一棟投資での赤字補填と同じくらいのインパクトを持ちますね。

白岩　それが築10年過ぎたタイミングで、合わせて多額なリフォーム費用がかかったりすれば、それこそデフォルトします。考えてみれば2500万円のマンションを3戸所有していれば7500万円、4戸で1億円ですから。

前川　同じ失敗でも金額と建物の大きな一棟のほうがリスクは高い

と思っている人も多そうですね・・・。

白岩　都心のワンルームマンションでも場所が良ければいいですが、そうでもない立地で高買いしてしまったら同じでしょうね。値段を相当に下げないと売れない状況になります。

前川　リカバリーをしなくてはいけませんね。

白岩　まず空室があれば埋めること。要は血を流しているのを止めればいいわけです。血液の止め方にもいろいろあって、現在サブリース契約をしているのであれば、契約を解除できないか交渉してみましょう。

前川　はい。サブリース賃料は実際の貸し出し賃料から2割程度低くなっているケースが多いので、自分で客付けができれば家賃が2割アップします。数千円の持ち出しであれば、これでトントンにまで持っていけますね。

白岩　さらに収支がプラスになる投資をします。安くてもきちんと回る物件を現金で買えば、すぐに数万円の利益が出るから、投資トータルで見ればプラスに持っていくのはそこまで難しくありません。

前川　どういうものを増やしたらいいですか？

白岩　投資にはいろんな種類があります。例えば戸建て賃貸もあるし、前川くんが管理している旅館アパートを購入してもいい。ただし、利益が安定していることが条件です。そう考えると戸建て投資は不向きかもしれません。

前川　リフォームをしなくてはいけない戸建てだと、見込んでいた利益が得られない可能性があります。郊外や地方の戸建てになると、物件価格が300万円や500万円と安くて、広さが50㎡とか下手すれば80㎡あります。

一見、お手頃な感覚になりますが、そうなるとリフォーム費用の掛かり方が変わってきます。加えて家賃設定も地域によって変わります。東京都であっても外れに行けば家賃が安くなりますし、千葉・埼玉・神奈川も郊外に行けば行くほど家は広くなり、家賃は下がっていきます。

白岩　その通りですね。さらにいえば、地方のほうが客付けにコストがかかります。例えば同じ家賃5万円で、広告料1カ月5万円で済むところが、東京から離れると2カ月分が相場。地方になると3カ月や4カ月もあると聞きます。

前川　本来であれば始める前にリスクについて、よく考えるべきなんです。最悪の事態を想定して、それに対してどれだけ排除するか。もしくは克服するかという考え方なんですが、それをせずにして始めてしまった人は、後から今起きているリスクをどう改善するかじゃないですか。
やはり流している血を止めるには、白岩さんが言うように、それを補う何かを持ってくるしかないですよね。今、私が取り組んでいるインバウンドのビジネスもそこに通じている部分があります。

“信じて託す”ことの重要性

前川　そもそも私は投資に関して勉強をしましたけれど、白岩さんと出会って「この人だったら託せるな」と信頼できたところからスタートしました。

物事にはすべて理由があるんです。ビジネスに例えていうと、なぜそれをやるのかという目的があって、それは自分のためでもあり、場合によっては人のためであったり、もっと大きくいえば国のためであったり。

その存在意義があるのです。白岩さんの考え方を聞いて賛同して、まさに託したというのが正しい表現かなと思っています。これが投資の神髄なんだろうと感じています。

白岩　最近ですが、長く懇意にしている投資家さんから電話があったのです。大きな病気を患って闘病中とのことでした。万一のための身辺整理にあたり「今後は白岩さんに全部お任せしたい」という話をいただきました。

そのときに前川くんにも会ってもらったのだけれど、その投資家さんから「安心しました」と言われました。「今後、白岩さんに何かあっても将来を託せる人がいるんですね」って。

「私にもしもの時があれば管理は全部お願いします。それで120%満足しています」と言われたときに涙が出ました。

これがやっぱり託す、託されるってことかなと。そうなると、私たちも本気でやるしかありません。17年間、ずっとそのようにしてきました。

大家業は短距離ではなくマラソン競技だと思っています。とにかく走り切らなければいけません。

前川 その通りですね。投資に絶対はないので、どこまでの信頼関係が築けるのかという話だと思います。

白岩 そこは二人三脚でやっていく気持ちです。

前川 私を無条件で信じてほしい・・・なんて気持ちはありませんが、そういう関係性を築けるような人を見つけることがまず一つ、投資の中のなすべきことであるように思えます。

白岩 すぐにお金に直結させる人が多く、利回りと数字に走る人が多い中で、人間関係を構築できたほうが、恐らくリターンの

大きな投資になるでしょう。

最後に今、私たちが取り組んでいるビジネスの話をすれば、そこもあらゆる信頼関係で成り立っています。

前川　インバウンドビジネスにおいて、個人であればホスピタリティというか、ホストとしてのプロフェッショナルを目指すのが良い方法だと思います。そうなると、関わる信頼できる人が増えて、お金だけでなく人的レバレッジがかかってきます。投資として考えたときに、私たちが目指していることは不労所得です。しかし、最近の動き方を見ていると、オーナーさんが自ら動いているケースも多くて、それはとても不労所得とはいえません。

そこで私はビジネスとして、オーナーが不労所得を得られるためのサポートをします。いいものをいい場所で、いいサービスを提供して、あとは時代に見合った展開をしていきます。

そういった動きの中で、不動産投資で失敗した人もまた救える・・・上からのような発言になってしまいますが、流している血を止めることができる人たちは救ってあげたいなと。

白岩　その通りですね。賛同します。

おわりに

本書を最後までお読みいただきまして、誠にありがとうございます。

本文で繰り返し述べていますが、私にとって投資やビジネスは、自己実現のための一つの手段に過ぎません。

私が目指しているのは、いろいろな人たちの参考になる「生き方のモデル」です。選択肢があまりないのでは・・・と思われている自衛官の立場で考え、現在のようなビジネスが生まれました。

こんな風にも生きれるんだ。生きてもいいんだ。生きてみたい。

そう思ってもらえる様なものを作り続けていきたいと考えています。

自衛官のみならず、公務員は民間企業で働く人と比較すると、リストラされることもなく、会社が吸収合併されることもない代わりに、給料が倍増したり、成果を評価されてスピード出世することもありません。

そのため、仕事はあらかじめ想定される枠の中でまとまってしまう傾向があり、どうしても惰性で生きてしまいがちです。

しかし、それでも「人生では劇的なことが起こる」ことを体験していただきたいのです。

なにも公務員を辞めろと言っているのではありません。毎日の規則だらけの生活から抜け出す方法があることを知ってください。

例えば、自衛官は「副業禁止」というイメージが強く、副収入を得てはならないと思っている人が非常に多いのですが、全くダメなわけではありません。

そうしたことを知らないでいるのは非常にもったいないです。人事院規則を読んでみてください。

もしかしたら、副収入とした不動産投資がうまくいって、関連事業で起業できるようになるかもしれませんし、自分も知らなかった新たな可能性が見つかるかもしれません。

自衛官に旅館ビジネスの話をすると、興味を持つ人がたくさんいます。

やはり、体力仕事的な部分が大きいので、先々の不安を抱いているのでしょう。

自衛官は往々にして問題意識は持っているものの、勉強する時間を確保するのが大変ですし、そもそも世の中の動向に疎い側面があります。それだけに資産形成の話をすると、強い興味を持つのだと思います。正に自分がそうでした。

ですから、自衛官に限らず多くの方にいろいろなチャンスがあり、一歩踏み出せば新しい世界を見ることができることを知っていただきたいです。

本書がそのための一助となれば、著者としてこんなに嬉しいことはありません。

最後に本書を執筆するにあたってお世話になった方々へ謝辞を述べたいと思います。


今、私が新たな人生を歩み出し、本を出版することができたのは私を生んで育ててくれた両親、私を鍛え育ててくれた自衛隊、そして多くの先輩、後輩及び仲間たちのおかげです。本当に感謝しています。

教員であった父は、58歳（私が21歳の時）で他界しているため、直接感謝を伝えることはできませんが、父の分まで人生を楽しみ、社会貢献していきたいと思います。また、母には長生きしてもらえるよう親孝行していきます。

そして、自衛官の皆様、毎日訓練お疲れ様です。

自衛隊は存在意義として普段活躍してはならないがゆえ、自衛隊の活動などは世に広まっていないのが現状です。今後、いろんなことを発信していく中で、微力ながら自衛隊の魅力なども国民の皆様に伝えていけたらと思います。

これまでお世話になった多くの方々、改めて感謝申し上げます。ありがとうございます。そして、これからも引き続きご指導、ご鞭撻のほどよろしくお願い致します。皆様に負けないよう日々精進していきます。

最後になりましたが、たくさんの本の中から本書を選んでいただいた読者の皆様に、お礼申し上げます。皆様の人生において、私の経験が少しでもお役に立つことができれば幸せです。

令和2年　元旦

前川　宗

著者略歴

前川 宗（まえかわ そう）

1981年、愛知県生まれ。インバウンドを対象とした不動産ビジネス起業家。パイロット時代の愛称はHACHI。

1999年、航空自衛隊「航空学生」に入隊。ウィングマーク取得、F－15戦闘機パイロット、飛行教導群所属、3等空佐昇進など数々の異例のスピード出世を果たし、戦闘機パイロット界のスペシャリストとして全国の戦闘機部隊に対し、巡回教導訓練を主な任務として活躍する。

2019年、横田基地赴任を最後に、航空自衛隊を退職。自衛官時代とは違った形で「国の平和を守る」「社会貢献する」ことをテーマに新たな道を歩むことを決意する。

多くの学びより、インバウンドを対象とした不動産ビジネスに着目。自ら旅館アパートのオーナーとなり不動産投資を実践。確信を得たのちに会社を起業し、現在は100室以上の旅館経営をサポートしている。

また、本業の傍らに自衛隊時代の自身と同じように、将来や老後の不安を持つ方の悩みを解消すべく、講演やセミナー、勉強会などを全国各地で行っている。

■LINEメルマガ（公式アカウント／無料）
前川宗の活動情報などを配信！
■blog【音速の世界から新たな世界へ】
https://ameblo.jp/so-m0331/
■facebook【前川宗】
https://www.facebook.com/somaekawa88

LINEメルマガ
購読はこちら

価値ある人生と戦略的投資

著　者	前川 宗
発行者	池田 雅行
発行所	株式会社 ごま書房新社 〒101-0031 東京都千代田区東神田1-5-5 マルキビル7F TEL 03-3865-8641（代） FAX 03-3865-8643
カバーデザイン	堀川 もと恵（@magimo創作所）
印刷・製本	倉敷印刷株式会社

© Sou Maekawa, 2020, Printed in Japan

ISBN978-4-341-08755-5 C0034

学べる不動産書籍が満載

ごま書房新社のホームページ
http://www.gomashobo.com
※または、「ごま書房新社」で検索

ごま書房新社の本

〜「資金100万円」からドンドン収入を増やす不動産投資術！〜

高卒製造業のワタシが31歳で家賃年収1750万円になった方法！

ふんどし王子 著

大反響4刷出来！
Amazon1位！（不動産投資）

著名投資家
加藤ひろゆき氏
吉川英一氏
のお二人も推薦！

【属性、年齢関係なし！夢と資産を与える“ふんどし王子”流・不動産投資術】

私は富山の田舎に住む、31才のサラリーマンです。最終学歴は地元の工業高校卒業で、仕事は工場勤務。いわゆるブルーカラーと呼ばれる属性の人間です。今日も工場で、3万5000個の小さい部品をチェックしてから、この原稿を書いています。（将来、ロボットに代わられるのは関係なし!）しかし、私には疲れた勤め人という顔の他に、「不動産投資家」というもう一つの顔があります。不動産投資を始めたのは7年前、24才のとき。現在は、アパート4棟と戸建を4戸所有しており、現在新築を進めている2つの物件を足すと、家賃年収は約1750万円となります。（本業の収入よりずっと多い金額です！）

24歳からはじめて、31歳で大成功！　話題の若手「サラリーマン大家さん」のマル秘テクニックついに公開。株とFXで貯金ゼロになった著者が、「100万円を握りしめ」再起をかけておこなった不動産投資の全てを余すことなくお伝えします。

本体1550円＋税　四六版　204頁　ISBN978-4-341-08685-5　C0034

ごま書房新社の本

マスコミで話題の家賃
年収1億円ママ第5弾！

～初心者も必読！
さらに手残りを増やす不動産投資術～

家賃年収1億円ママ、今度は“自主管理”でキャッシュフローをドンドン増やしています！

内本 智子　著

【買えない時代は“利益”を増やそう！】
子育てをしながらでも“資産約16億円、8棟132室”を運営中のママ大家さん！ 自主管理歴1年で“手残り500万円アップ”達成！(利回りアップ)
最初の不動産投資からおこなえば、通常より早くお金持ちになる、初心者から熟練大家さんまで必読の一冊！

本体1550円＋税　四六版　200頁　ISBN978-4-341-08743-2　C0034

“なっちー流”
3作目ついに完成！
大好評・発売
たちまち話題！

～小さな不動産投資を重ねて
“HAPPY人生”をつかむ方法～

コツコツ月収80万円！ 主婦大家“なっちー”の小さな不動産投資術。

主婦大家さん　舛添 菜穂子(なっちー)　著

**【話題の主婦が、
家賃月収80万円になってパワーアップ！】**
知識なし、銀行融資なし、少額貯金から成功した“なっちー流”公開。フツーの主婦が「戸建て7戸」「マンション3室」「団地3室」「アパート1棟」を次々と購入した方法とは!　初心者向け6つの不動産投資術で、ちいさく始めてどんどん収入を増やすノウハウを学べる一冊。

本体1480円＋税　四六版　220頁　ISBN978-4-341-08723-4　C0034

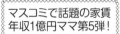

ごま書房新社の本

オリンピック後も利益を出す「旅館アパート」投資
インバウンド需要が利回り10%を常識にする

兼業大家　白岩 貢　著

大好評 Amazon1位!
不動産業界の権威 白岩貢氏、
著書15作目にして最高傑作!

【激増するインバウンド需要が日本の大家を救う】
上昇一途の観光客はブームではなく「末永く続く文化」!少子化時代、供給過多の賃貸物件、家賃下落が続く時代に唯一「勝ち組」になる「旅館」型経営とは?
大工の家庭に生まれた著者が、累計360棟のアパートづくりを重ねて導き出した、「家賃」一択の業界常識を覆す不動産投資を指南。

本体1550円+税　四六判　192頁　ISBN978-4-341-08746-3　C0034